リプロダクティブ・ヘルスを支える

■編著者■
山本八千代
■執筆者■
NPO 法人 FOSC（フォスク）

ブックウェイ

ご 挨 拶

NPO法人FOSC（フォスク）

理事長　**野口真理子**

　1994年9月カイロにて国連主催の人口開発会議が開催された。その時に初めて人権用語として国際文書に掲載された呪文のような言葉「リプロダクティブ・ヘルツ／ライツ」（性と生殖に関する健康とそれを保障する権利）に関心を持った。それから北九州市内の20代〜30代の女性たちが集まり、新聞記事を通じて意見交換を始めた。これがNPO法人FOSC（フォスク）を作るきっかけだった。

　1995年12月21日には、今はすでにないが「そごう小倉店」にあるホールにて、北九州市男女共同参画課の支援を受け、カイロ人口開発会議に参加したNGOや研究員を招待して「カイロ発北九州そして北京へ　環境・人口とからだの自己決定権　カイロ国際人口開発会議報告会」を開催した。

　世界では、私たちと同じ世代の女性たちが、性や生殖に関する社会的なサービスを受けることなく命を終えていく現実を知り、20代〜30代の私たちは、私たちが抱える問題と、性や生殖に関する世界の問題が重なり合っていくことを実感した。

　問題意識が芽生えた私たちは、1995年4月15日に任意団体「女性と

健康北九州ネットワーク」を立ち上げ、北九州の女性たちは今どのような状態にあるのか、自主的な勉強会を始めた。時には障害者団体の方をお呼びして、優生保護法（1996年に母体保護法に改正）によって、国内で多くの人たちに強制的な不妊手術が行われた事実も知った。

　男女共同参画センターを使っての毎月の勉強会は貴重な体験であり、私たちの知識は高まるが、私たちの地域の女性たちには何の変化もないことに、あるとき気付いた。ふと、「これで良いのか」という疑問を感じた。私たちの知ること、男女共同参画の考え方は、センターでは通じても、一般社会では通じないことにも気づいた。

　そこで男女共同参画センターを離れて、小倉駅に近い市民センターを使っての勉強会を開始するようになった。すると、センターの職員や、また同じ時間帯に別の部屋を使っている人たちが、私たちの勉強会は「何の勉強会だろうか」と関心を示し始めた。ある時、勉強会に関心を持った公的機関の相談員が、「協力するから、北九州市で初めての女性のための民間相談窓口を作らないか」と声をかけてくれた。また、精神科に勤める看護師が、「自助グループという活動があって国内で少しずつ広がり始めている」ことを教えてくれた。では、それらをやってみようかと思いはじめ、ここから現在の活動に向けての一歩が始まった。

　2010～2012年度にかけて、ファイザー株式会社主催の「ファイザープログラム～心とからだのヘルスケアに関する市民活動・市民研究支援」の助成金を受けて「性的虐待体験者が性産業で働く理由とその実態調査」を行い2冊の報告書を発行した。また、これに続けて、同社より支援が受けられ、困難をかかえる女性のための宿泊施設「ステイ」と「女性の心と体を守る情報なび」のURLサイトを設けた。

ご挨拶　3

これらの活動を行い、「女性と健康北九州ネットワーク」は、現在の「NPO法人FOSC（フォスク）」に変更させていった。その意味は「The first one-step support center（最初の一歩支援センター）」として、その頭文字を取っている。そして、暴力被害等の様々な理由で居住先がなかったり、家庭に居ることができない、困難を抱える子どもと女性のために、宿泊施設運営や自立生活支援、居場所の提供、相談・啓発・研究に関する事業を行い、子どもと女性の人権の擁護と福祉の増進に寄与することを目的とする現在の事業へ展開させていった（2012・10・1発行「心とからだも健やかな社会の実現に向けて～ファイザープログラム」『THE BIG ISSUE 200』28－29頁に記事掲載）。それは「問題意識を持った市民が主体となって、困難を抱えた人々の支援ニーズや課題を明らかにし、支援の効果を客観的に示すための市民研究に取り組み、それを基に市民活動としての実践に展開した事例と言えます」という評価も受けた。（2017・9・8発行　特定非営利活動法人市民社会創造ファンド「ファイザープログラム　助成プロジェクト紹介」『市民社会の創造に向けて－市民活動助成の15年－』5頁に記事掲載）。

　本書は、ファイザープログラムの助成を受けて行っている「女性の心と体を守る情報なび」のサイトでのメール相談を、より効果的な支援活動に結びつけるためにファイザー株式会社が行う「公益財団法人ファイザーヘルスリサーチ振興財団」から助成を受けて行った「リプロダクティブ・ヘルス相談支援ガイドラインの開発」を広く紹介し、現代日本の女性が抱える課題に向けての支援の手引であり、昨年発行の「リプロダクティブ・ヘルス支援の現場から」に続く2冊目の書籍である。

2017 年に NPO 法人 FOSC は第 16 回福岡県男女共同表彰で「困難な状況にある女性の自立支援部門」を受賞するに至った。また 2018 年には北九州市や他の自治体は元より、福岡県からデート DV 防止研修の委託を受けて中学校から大学までの学校に出前講座を届けている。また 20 年前から女性のみ参加で性被害体験者のグループを運営しているが、次年度からは性的マイノリティや男性被害者も受入れるべく準備を始めている。

24 年の活動の中で、多くの人たちの協力を受け、また支援のイロハを教えてくださった当事者の皆様に心から感謝申し上げたい。そしてリプロダクティブ・ヘルス／ライツの考え方を広めていくための、次のステップに私たちは入ったと感じ挨拶を締めくくりたい。

2019 年 1 月

目次

ご挨拶	2
本書について	10

第1章　リプロダクティブ・ヘルスを支える基本　15
　　1．子ども、女性の人権問題に敏感になる　16
　　2．支えたい思いを大切にし情報収集を行う　18
　　3．話してくれたことに感謝の気持ちを表す　21
　　4．緊急性を吟味する　22
　　5．当事者の自己決定を尊重する　23

第2章　リプロダクティブ・ヘルスの支援　27
　Ⅰ　妊娠SOS　28
　　1．妊娠SOSの支援機関　28
　　2．妊娠SOSの当事者を支える　30

Ⅱ　配偶者からの暴力（ドメスティック・バイオレンス）　　43

　1．ドメスティック・バイオレンスとは　　44

　2．DVの当事者の苦しみ　　48

　3．DV被害を受ける女性の保護・支援システム　　49

　4．DVの当事者を支える基本　　50

　5．DVの当事者を支える　　53

Ⅲ　配偶者ではないパートナーによる暴力（デートDV）　　59

　1．デートDVとはどういう問題か　　59

　2．デートDVの当事者を支える　　61

Ⅳ　望まない性行為、強制性交等の被害者　　68

　1．「望まない性行為」「強制性交等の被害者」とは　　68

　2．日本の性犯罪の実態　　68

　3．刑法の一部を改正する法律（平成29年6月23日公布）　　69

　4．強制性交等の被害者の支援システム　　71

　5．強制性交等の被害者を支える　　76

V　インターネットに関連した性のトラブル　　84

1．オンラインハラスメント　　84

2．インターネットで知り合った相手と会うことにより
　　生じるトラブル　　85

3．裸や性的な画像のやりとりに関するトラブル　　88

Ⅵ　中絶後苦しみ続ける当事者を支える　　91

1．中絶後の当事者の苦しみ　　91

2．語りにくい体験　　92

3．中絶後も苦しみ続ける当事者を支える　　94

おわりに　　96

本書について

編　者　山本八千代

　「リプロダクティブ・ヘルス / ライツ」の「ヘルス」は「健康」という意味で、「ライツ」は権利という意味である。下記は、日本国際保健医療学会、小原ひろみ氏によるリプロダクティブ・ヘルスの定義である。

　リプロダクティブ・ヘルスとは、人間の生殖システムおよびその機能と活動過程のすべての側面において、単に疾病、障害がないというばかりでなく、身体的、精神的、社会的に完全に良好な状態にあることを指す。したがって、リプロダクティブ・ヘルスは、人々が安全で満ち足りた性生活を営むことができ、生殖能力を持ち、子どもを持つか持たないか、いつ持つか、何人持つかを決める自由をもつことを意味する。1994 年、カイロ国際人口・開発会議で採択された文章に基づいている。
　生殖年齢にある男女のみならず、思春期以後、生涯にわたる性と生殖に関する健康を意味し、子どもを持たないライフスタイルを選択する人々を含めた、すべての個人に保障されるべき健康概念である。具体的には、思春期保健、生殖年齢にあるカップルを対象とする家族計画と母子保健、人工妊娠中絶、妊産婦の健康、HIV/ エイズを含む性感染症、不妊、ジェンダーに基づく暴力等を含む。
　リプロダクティブ・ライツとは、性に関する健康を享受する権利で

ある。具体的には、すべてのカップルと個人が、自分たちの子どもの数、出産間隔、出産する時期を自由にかつ責任をもって決定でき、そのための情報と手段を得ることができるという権利。また、差別、強制、暴力を受けることなく、生殖に関する決定を行える権利も含まれる。さらに、女性が安全に妊娠・出産を享受でき、またカップルが健康な子どもを持てる最善の機会を得られるよう適切なヘルスケア・サービスを利用できる権利が含まれる。

小原ひろみ：日本国際保健医療学会国際保健医療用語集，「リプロダクティブ・ヘルスとは」（http://sees aawiki.jp/w/jaih/d/%a5%ea%a5%d7 %a5%ed%a5%c0%a5%af%a5% c6%a5%a3%a5%d6%a1%a6%a5%d8%a5%e b%a5%b9%a1%a6%a5%e9%a5%a4%a5%c4 2018年11月30日参照)）

私たち NPO 法人 FOSC は、「困難を抱える子どもと女性」を対象に支援活動を展開している。子どもと女性のための宿泊施設経営や、自立生活の支援、相談などの救済活動に長年取り組んでいる。

すべての女性がリプロダクティブ・ヘルスの権利を十分享受できているか、私たちが支援する困難をかかえる女性たちをみると、「イエス」と答えることは難しい。「困難を抱える子どもと女性」が、どういうリプロダクティブ・ヘルスの課題を抱えているのか、その詳細は前著「リプロダクティブ・ヘルス 支援の現場から」（山本 八千代 編著，NPO 法人 FOSC 著リプロダクティブ・ヘルス 支援の現場から，2018）で著している。

前著と本書は NPO 法人 FOSC がファイザーヘルスリサーチ振興財団第 25 回（2016 年度）国内共同研究（年齢制限なし）の助成を受けて行った研究報告書「『リプロダクティブ・ヘルス相談支援ガイドライン』の開発」をもとにしている。前著には、①妊娠に関する相談（以下妊娠 SOS

と記す)、②中絶後の心身の不調を訴える相談、③インターネットを介したトラブルの相談、④配偶者から暴力を受けているとの相談（DV）、⑤交際中のパートナーから暴力を受けているとの相談（デートDV）、⑥性犯罪・性暴力・性虐待の被害を受けた、受けているとの相談を取り上げている。前著には、リプロダクティブ・ヘルスが脅かされている子どもと女性がどのような状況におかれ、どのように苦しみもがいているかが分かるので、そちらを是非お読み頂きたいと思う。

　私たちNPO法人FOSC（フォスク）が支援する「困難をかかえる女性たち」は、生育した家族のこと、成長する過程で起こったこと、相談した時点の家族のこと、パートナーの特性やパートナーとの関係性、仕事や収入のことなど、多くの複合した問題を抱えている。また、当事者たちは貧困と孤立という課題も抱えている。貧困は、家屋や生活に必要な物がないなどの物理的貧困、低賃金で生活する資金がないという経済的貧困があるが、これらに加えて、健康を維持するための知識が乏しい、人とのつながりが乏しいなども抱えている。どのリプロダクティブ・ヘルスの問題も、これらの課題一つ一つが複雑に絡み合い、当事者たちは社会の片隅で一人孤立している。

　悲しいことであるが、リプロダクティブ・ヘルスの問題はある日突然に見舞われることがあり、世界中の誰もがその当事者になり得る。その誰かの周囲の人、例えば友人やきょうだい、その他の家族であるが、職場の同僚や健康管理者なども当事者と支援システムとのつながりをつくる人となる。当事者が子どもであれば、保育園、幼稚園、小中高等学校の関係者が支援システムへのつながりをつくる人となる。当事者の方が一刻も早く支援システムにつながり回復されることを心より願って本書の出版にこぎ着けた。繰り返しになるが、不安な気持ちのままひとりで問

題を抱える当事者が、専門の相談機関とつながるには、そのつながりをつくる誰かが鍵を握るため、多くの人のリプロダクティブ・ヘルスの問題理解が深まることを願い本書は著した。本稿の記述にあたり、問題をかかえる人は「当事者」と記述している。DVの当事者、デートDVの当事者とは、DVやデートDVを受けている女性をさす。また、「相談員」の言葉も書いており、それはアドバイスを行っているNPO法人FOSC（フォスク）に所属する相談員のことである。文中「私たち相談員は」とも記しているが、単に「私たちは」と記しているところもある。また、説明をわかりやすくするために事例を書いているところがあるが、すべて私たちの体験をもとに創作したものである。

　最後になりましたが、本書を出版するにあたり、研究助成を頂いた公益財団法人ファイザーヘルスリサーチ振興財団理事長島谷克義様及び担当者の皆様に心より感謝申し上げます。

2019年1月

第1章
リプロダクティブ・ヘルスを支える基本

1．子ども、女性の人権問題に敏感になる

　「リプロダクティブ・ヘルス」とは、性と生殖に関する健康・権利である。それは、単に疾病、障害がないというばかりでなく、身体的、精神的、社会的に完全に良好な状態と、子どもを産むかどうかなどを自ら決定する権利を含んでいる。すべての人がリプロダクティブ・ヘルスの権利「リプロダクティブ・ライツ」を十分享受できているか、支援活動を展開している私たちは「困難を抱える子どもと女性」たちのリプロダクティブ・ヘルスの課題を目の当たりにしてきている。

　リプロダクティブ・ヘルスの「ヘルス」は健康を意味し、リプロダクティブ・ライツの「ライツ」は権利を意味する。月経トラブルや生殖器系に不調を抱えた女性は少なくない。私たちの電話やメール相談では、自身の身体の不調を「どうしたら良いか」、「性感染症にかかったのではないか」などの相談が多く寄せられるが、特に多いのは「妊娠ではないか、妊娠はとても困る」などの深刻な相談である。問題は、産婦人科に関連することは、受診行動が取られにくいことである。女性達になにか困ったことが生じたとしても、産婦人科に受診することは容易ではない。特に若年女性や、小、中高生は親に言うこともためらう。

　長年、多くのリプロダクティブ・ヘルスの問題は、個人の問題として片付けられてきている。また、社会の中で困っている人に対して「それは自己責任だ」と言う言葉が聞かれる。果たしてそうであろうか、例えば何か病気があっても受診が難しく、病気を悪化させている人に、全てが自己責任だと言えないことを私たちは実感している。妊娠したことで困っている女性がいたとする。「自己責任」を最も強く意識し、孤立したまま、妊娠したことを誰にも打ち明けられずにいることが多い。妊娠に限らず性にまつわる話はあまりにも私的な事象のため社会には出て行き

にくい。

　「困難を抱える子どもと女性」を対象に支援活動を展開している私たちに見えてていることは、子どもや女性が困難に陥るのは、ドメスティック・バイオレンス（DV）やデートDV、性被害に端を発し、帰る家がなくて困っている人の姿である。また、親が不在の中学生や高校生がいたりする。親がいないというのは、シングル親や、複数の仕事を掛け持ちし、早朝から深夜まで働き、自宅にいる時間が少ないということである。しかし、私たちが出会っているのは、心に闇を抱え行き場をなくし、街を彷徨う女子たちの親である。その親たちは、自宅にはいるものの、子どもに関心が向かっていない、あるいは自身のパートナーとの関係にエネルギーを費やしている人たちである。相談活動の中、街を彷徨う女子たちを保護した際、男女の平等な関係と共同の意識、責任意識、女性の自己決定の力の弱さが私たちには見える。すべて弱者である子どもや女性にしわ寄せが来ていて、困難を抱えることになっていると、つくづく思う。

　リプロダクティブ・ヘルスの問題を抱える当事者たちを取り巻く状況には、厳しいものがある。当事たちは、家族や親密な関係の人が見当たらない、あるいはそのつながりが乏しいことを私たち相談員は実感している。当事者たちは、貧困や孤立と戦っている。それは家屋がないなどの物理的貧困、低賃金で生活する資金がないという経済的貧困、知識の貧困に加え、人とのつながり、関係の貧困とも言えるものも抱えている。

　知識の貧困について、例えば避妊法を見てみる。男性用コンドームが主体である日本で、妊娠や性の知識の情報が与えられないまま生きていく女性は知識の貧困を抱える弱者と言える。日本では性教育は未整備のまま、性情報が氾濫し、また若年者の性行為は低年齢化し、STD（性感染

症）の感染率は上昇している。十分な知識が無いまま若者は性行為を開
始していることに加え、DV、デートDVの関係から離れられない若者
が少なからず存在する。強姦や強制わいせつ等の性暴力事件は依然とし
て減ることはないし、貧困女子が存在し、性産業に追いやられていく実
態も私たちは目の当たりにしている。また、近年のIT機器の進化は、新
たな問題を作り出している。インターネット等の交流サイトで見知らぬ
相手と知り合い、性被害に遭う事例がある。元交際相手が性的画像をイ
ンターネットで公開する「リベンジ（復讐）ポルノ」等の被害も広がって
いる。

　リプロダクティブ・ヘルスの問題が起こっている大きな理由は社会構
造である。男性優位な日本社会、支援制度が貧弱な日本社会の構造であ
る。社会構造がもたらす暴力、それは構造的暴力[1]と言われている。そ
して弱い立場にいる女性に問題が起こった場合、苦しみを1人で抱え込
む。その問題に社会は蓋をし、当事者はずっと苦しむことになる。自己
責任で片づける日本社会全体はリプロダクティブ・ヘルスの問題を放
任し続けているのと言って良い。このことも構造的暴力で、リプロダク
ティブ・ヘルスのほとんどの問題は構造的暴力である。

2．支えたい思いを大切にし情報収集を行う

　周りにリプロダクティブ・ヘルスの支援が必要な人がいた場合、どう
すべきか、どう支えたら良いのか、「その人を支えたい」ということは、
私たちが受ける相談の中では最も多い。

　「周りにいるリプロダクティブ・ヘルスの支援が必要な人を支えた
い」というあなたの大切な思いはどう生かされていくのかについて述べ
ていきたい。

まず第一に知って頂きたいのは、どんな当事者もリスペクトして頂きたいと言うことである。それがあなたの「当事者を支えたい思い」を支えると言うことを知って頂きたいと思う。そして次に大切なことは、リプロダクティブ・ヘルスの問題は、専門の支援機関で支援を受けることが最も重要で、周囲の人はそのつながりをつくる役割を担うということである。当事者を取り囲む個人的なつながりだけでは問題を解決することは難しいということを知り、専門支援機関につなげることを忘れないで頂きたい。専門支援機関には警察や地方自治体などの公的な機関に加え、特定非営利活動法人（NPO 法人）もある。どのような機関があるかを、厚生労働省のホームページ[1]をもとに説明する。ドメスティック・バイオレンス、児童虐待、性暴力等の問題はそれぞれに特化した相談機関があるが、詳細は後述する。

1）女性健康支援センター[2]

　厚生労働省は、女性の生涯を通じた健康支援の総合的な推進を図るため、都道府県に「女性健康支援センター」の設置を求めている。女性健康支援センターでは　婦人科的疾患及び更年期障害、出産についての悩み、不妊等、女性の健康に関する一般的事項に関する相談指導が行われ、医師、保健師又は助産師等が相談にあたることが規定されている。その対象者は下記とされている。

(1)　思春期にあって健康相談を希望する者

(2)　妊娠、避妊について的確な判断を行うことができるよう、相談を希望し、またはこれを必要とする者

(3)　不妊に関する一般的な相談を希望する者

(4)　メンタルケアの必要な者

第1章　リプロダクティブ・ヘルスを支える基本　　19

⑸　婦人科疾患、更年期障害を有する者

⑹　その他、性感染症を含め女性の心身の健康に関する一般的な相談を希望する者等

　2018年7月1日現在、全国の都道府県、あるいは市町村の女性健康支援センターは73機関に開設されており、連絡先電話番号などは、厚生労働省ホームページ[2]に記載されている。

2）「女性センター」「男女共同参画センター」

　「女性センター」「男女共同参画センター」など名称は様々あるが、都道府県、市町村等が自主的に設置している女性のための総合施設がある。女性センターでは、「女性問題の解決」「女性の地位向上」「女性の社会参画」を目的とし、女性が抱える問題全般の情報提供、相談、研究などを実施している。「配偶者暴力相談支援センター」に指定されている施設や配偶者からの暴力専門の相談窓口を設置している施設もある。

3）地方公共団体の相談機関、児童相談所

　全国都道府県、市町村の公的な相談機関の代表的なものとして、婦人相談所、福祉事務所、保健所、精神保健福祉センターなどがある。当事者が、18歳未満であれば児童相談所に相談することになる。

　法務省の人権擁護機関も相談を受けている。法務局・地方法務局に「女性の人権ホットライン」、「外国人のための人権相談所」などがある。DVの相談に特化した相談機関は「配偶者暴力相談支援センター」、性暴力、性犯罪の相談は「性犯罪・性暴力被害者のためのワンストップ支援センター」がある。

4）特定非営利活動法人（NPO法人）

　特定非営利活動法人（NPO 法人）は、特定非営利活動促進法に規定されている法人である。本法はボランティア活動をはじめとする市民の自由な社会貢献活動としての特定非営利活動の健全な発展を促進することを目的として、平成 10 年 12 月に施行されている。NPO 法人は、多様化する社会のニーズに応え様々な活動を行っている。

　ここでは私たち NPO 法人 FOSC（フォスク）の業務を説明する。FOSC は The first one-step support center（最初の一歩支援センター）を意味する頭文字を取ったものである。子どもと女性の人権の擁護と福祉の増進に寄与することを目的とする事業を展開させている。暴力被害等様々な理由で居住地がなかったり、家庭に居ることができない困難を抱える子どもと女性のために、宿泊施設運営や自立生活支援、居場所の提供、相談・啓発・研究に関する事業を行っている。

3．話してくれたことに感謝の気持ちを表す

　生殖器のこと、妊娠のこと、性のこと、性行為に関することすべてが、本人から口にされることは少ない。ましてや、DV やデート DV を受けていること、性暴力を受けたことなどは、なおさらである。そのためリプロダクティブ・ヘルスの問題は表面化しにくい。

　しかし、意外に思われるだろうが、私たちが「リプロダクティブ・ヘルス問題の表面化しにくさ」について一番に伝えたいことは、問題を抱える当事者本人がそれに気付いていないことである。例えば、罵り合い、時には身体的暴力がでる激しい喧嘩をしている、恋愛中の若いカップルがいたとする。周囲の人が「それはデート DV といって良くないことだよ」と教えたとする。そのような時、カップルがデート DV に気付くこ

第 1 章　リプロダクティブ・ヘルスを支える基本　　21

とは、それ程難しいことではない。しかし、交際中のパートナーが恋人の交友関係を禁止しているような時、社会的暴力だと気付くのはやや難しくなる。カップルのどちらかが交際にかかる費用を全面的に負担している経済的暴力はさらに気付かれにくい。当事者も気付かないが、周囲も気付きにくい。ましてや性行為の際に避妊に協力しない男性がいた場合や望まないにもかかわらず、雰囲気に流され性行為に至ってしまうカップルがいた場合、それがDVやデートDVであることは当事者も周囲の人も気付かない。

4．緊急性を吟味する

　問題を抱える当事者に、一刻も早く支援の手が差し伸べられることを考えるとき、最も重要なことは緊急性の判断である。ドメスティック・バイオレンスを受け、命の危険が差し迫り安全を確保しなければならない当事者がいたとする。生命の危険が差し迫っている場合は、一刻も早く支援の手が差し伸べられるべきで、最も緊急性が高いことは容易に理解できるであろう。「支援の手」というとき、私的な支援というよりも公的な専門機関、NPO等の民間機関を含む専門機関を意味しているが、当事者が相談行動を起こすのには時間がかかる。ここで大切なことは、こうした問題を抱える当事者が成人で判断能力があり、相談をためらう場合、自己決定が大切にされなければならないが、このことは後述する。専門支援機関に相談しないことを当事者が決定し、自己決定が尊重されたとしても、心身ともに健康を害しているため、少なくとも医療機関の受診は必要であることは知っておいて欲しい。

　妊娠が発覚した当事者も、緊急性は比較的高い。妊娠は異常なく経過したとしても、妊婦の身体は大きく変化し、自分の体に違和感を感じた

り、気分不良や、体調を壊すことも多い。妊娠は生理的過程であるものの、妊娠期間中には合併症を生じることもある。また、妊婦は心の健康問題を併発しやすいため、産婦人科医療機関等へ受診し健康診査を受けなければならないため、早急に行動を起こすべきことである。

予期しない妊娠をした人の中には、出産するかどうか迷う人は少なくない。出産するか中絶するか、この決定は簡単にはいかない。通常、妊娠が発覚した時点で既に5、6週間が過ぎている。2018年の時点では、中絶ができるのは妊娠21週と6日までである。中絶を希望しても、時が過ぎた場合は中絶はできない。中絶の費用の準備には時間がかかる。私たちが支援してきた当事者の多くは、「中絶の費用が準備できない」と述べていた。中絶を受ける前に費用の準備にかけずり回る人は少なくなかった。「妊娠をした」と述べ迷ったり、悩んだりする当事者を支えるということは、心身の健康を支えることと同時に、産むか否かの決定を支える事も必要になりそれは「待ったなし」で支え続けることが重要となる。

5．当事者の自己決定を尊重する

心身の健康を回復し、自分らしい生活を送るようになるためには、当事者自身が自己のより良い生活を選択し、決定を行うことから始まる。しかしながら、この意志決定を行うことは当事者にとっては非常に大きな力が必要とされ、当事者に支援の手が届くまでに、時として長い道のりとなる。例えばDVを受ける女性がいたとする。日本には、「配偶者からの暴力の防止及び被害者の保護等に関する法律（通称DV防止法）」があり、被害を受ける女性がどのような支援を受けていくのか詳細に示されている[3]。警察、配偶者暴力相談支援センター、裁判所、福祉事務所などの支援が受けられる（**図1**）。しかし、当事者が1人で行動を起こすの

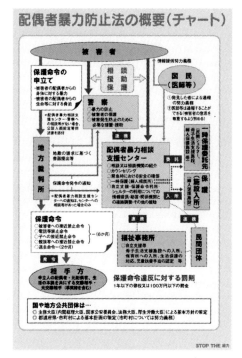

図1
(内閣府男女共同参画局:配偶者からの暴力で悩んでいる方へ, STOP THE 暴力 [平成28年度改訂版] より)

はかなり難しい。

　DVの問題に限らず、リプロダクティブ・ヘルスの問題をかかえる当事者は孤立し、行動を起こす力を失っている。そのため、問題に苦しむ当事者には支援システムにつながりをつくる人が必要である。つながりをつくることが出来るのは、まず第一に当事者の周囲の人と思われる。それは、例えば、当事者の友人やきょうだい、その他の家族であるが、その他にも職場の同僚や健康管理者などが、支援システムへのつながりをつくる人となりえる。当事者が子どもであれば、保育園、幼稚園、小中高等学校の関係者が支援システムへのつながりをつくる人となる。

　このことを多くの人が知ることで、当事者を取り巻く環境が好転する。当事者に支援をする際に重要になってくるのが、エンパワメントの概念であるである。Empowerは「誰かを自信のある、より強い状態にする、特に自分の人生をコントロールし、自分の権利を主張出来るようにする[4]」という意味で、この名詞形がエンパワメントである。このエン

パワメントは、他者が力を与えるのではなく、その人自身の中にある「力」を取り戻したり、引き出したりすることである。当事者のエンパワメントのためには、当事者の意思が最も重要となるので、このことは特に知って頂きたいと思う。そこで大切なことは、どのような場合でも当事者に他者が自分の価値観や意思の押しつけをしてはならないことである。

DV やデート DV の事実を知り得た人は、当事者に「すぐに別れなさい」と言いがちである。あるいは性暴力の事実を明かされた人は、当事者に「警察に行こう」と強く勧めると思う。多くの人はそう思う。しかし、暴力に苦しい思いをしながらも、「そのパートナーから離れたい」と言う当事者ばかりではない。また性暴力を受けたことを知り得た人が、当事者に警察に行くことを勧めたとしても、行くことを好まない当事者の方が多いと思われる。

リプロダクティブ・ヘルスの問題に触れた周囲の人は当事者の言うことや、行動が理解できないという人は少なくない。私たち相談員は、性行動に関連する話の場合、当事者の世界に他者が入ることが難しいことを実感している。ここで「バリデーション」と言う言葉を紹介する。「バリデーション」とは、もともと心理療法の分野で用いられてきた言葉で、英語の Validation は「物事が正しいことを確認あるいは証明する[4]」と言う意味である。バリデーションは、その本人が経験していることを否定せず、それが本人にとっての「現実（真実）」であることを受け入れ認め、共感する立場を援助者がとることである[5]。支援者が当事者の感情や感覚を尊重し、その感情や感覚のレベルで応えることを大切にすることや、対象がどのような行動や反応をとっても、その人全体を理解しようと努める態度をとることなどが、バリデーションには含まれる。リプ

ロダクティブ・ヘルスの問題を抱える当事者を理解すると言うときに、正攻法では難しいことを多くの人に知って頂きたい。まず、当事者の経験をバリデートすることが大切で、そうすることで当事者に「生きている」実感が生まれ、バリデートしてくれた人を身近な人と感じるようになり、当事者自身実在感がもてるようになる[5]と言われている。これがエンパワメントにつながると思われる。

【文献】

1) 内藤和美：女性への暴力はどういう問題か，昭和女子大学「女性文化研究所紀要」, 12号：65-73, 1993

2) 厚生労働省：女性健康支援センター事業 (http://www.mhlw.go.jp/seisakunitsuite/bunya/kodomo/kodomo_kosodate/dv/kaigi/dl/130725-16.pdf, 2018年12月31日参照)

3) 内閣府男女共同参画局：配偶者からの暴力で悩んでいる方へ, STOP THE 暴力［平成28年度改訂版］, 2016

4) The New Oxford Dictionary of English (NODE)：Oxford University Press, Oxford, 1998

5) 高橋誠一：バリデーションセラピーへの誘い, バリデーション－痴呆症の人との超コミュニケーション法，筒井書房, p5-8, 2001

第2章
リプロダクティブ・ヘルスの支援

I　妊娠 SOS

　古来から、妊娠は喜ばしいこと、おめでたいこととされているが、「妊娠かもしれない」と思った途端、あるいは妊娠が発覚した途端に悩み始める人は少なくない。そうした人のために、「妊娠SOS相談」あるいは「にんしんSOS」という専門の相談機関が開設され活動が展開されるようになった。

　相談を受ける私たちが感じるのは、望む望まないというより、妊娠自体を予定していなかった人が多い。こうしたケースのことを、本書では「思いがけない妊娠」と述べる。また、本書では「妊娠SOS相談」とは「思いがけない妊娠で悩んでいる人のための相談・支援活動[1]」を意味する。「思いがけない妊娠をした当事者」と述べたり、また「『妊娠SOS』の当事者」と述べることもある。

　通常の妊娠期間は40週間、280日、9ヶ月程度であるため、思いがけない妊娠をした当事者にとっては、出産か否かを考えられるのはほんの僅かな期間である。また、妊娠は生理的過程であるものの、大きな身体的リスクも伴うため、当事者には一刻も早く支援の手が差し伸べられなければならない。

1．妊娠SOSの支援機関
1）産婦人科医療機関あるいは助産院

　通常、妊娠期間は40週間近くあり、正常に経過したとしても、この間妊婦の身体は大きく変化するため、身体に違和感を感じたり、気分が悪

くなったり、体調不良を自覚する妊婦は少なくない。妊娠は生理的過程で、40 週の間何事もなく経過する妊婦もあるが、妊娠期間中に，妊娠したこと自体が原因となり病気が生じたり、もともと女性が持っていた持病が悪化することもある。また、妊婦は心の問題を併発しやすいため、妊娠が分かったらなるべく早めに産婦人科医療機関、助産院等に受診し、「妊婦健診」と呼ばれる健康診査を受けなければならない。

　妊婦健診を受ける間隔は、妊娠初期より妊娠 23 週までは 4 週間に 1 回、24 週から 35 週までは 2 週間に 1 回、36 週以降分娩までは 1 週間に 1 回となっている。この間隔は、あくまでも原則であるため、心身になにか違和感があれば直ちに受診しなければならない。医療機関は産婦人科である。

　多くの人は、医療機関と言うと身体的な面のみの検査や治療が行われるというイメージがあるが、そうではない。妊娠した女性の話をよく聞き、普段の生活の支援を行い、妊婦のみならず家族を含めた相談支援が行われている。中絶を希望する場合も、中絶するかどうか迷っている場合も、出産するかどうか迷いどうしたら良いのか考えている場合も、医療機関は当事者の生活すべての問題に対応してくれる。身体以外の問題、経済的な問題やパートナーとの問題などがあれば、助産師や看護師などの医療従事者に相談するのが最も良い。

２）妊娠SOS相談の専門相談機関

　医療機関以外の相談機関はたくさんある。妊娠に悩む女性やパートナーが相談システムにたどり着くための窓口、相談活動を行うのが妊娠SOS である。そのような人に支援を提供するのが妊娠 SOS 相談窓口である。一般社団法人全国妊娠 SOS ネットワーク[2]によれば、①地方自治

体の事業による妊娠 SOS 相談、②民間団体の独自事業による妊娠 SOS 相談、③養子縁組にかかわらず妊娠相談・同行支援を行っている養子縁組団体、がある。

　思いがけない妊娠の当事者の悩みがいかに深いかは、多くの人は知る由もない。私たち相談員は、パートナーとは既に離別している当事者、胎児の父親があやふやな当事者にも少なからず出会う。妊娠 SOS 相談を行う私たちからみると、悩むのは、妊娠した女性本人のみであることが多く、当事者はひとり孤立している。妊娠を継続するか中絶するかを迷う人もかなり多い。また一方、パートナーと離別している人、「父親がわからない」と言う当事者の多くは中絶を希望しながらも、中絶の費用が準備できず、医療機関に受診することもなく 1 人孤立している。このような人たちを、私たちは支えてきている。

2．妊娠SOSの当事者を支える
1）思いがけない妊娠をした人

　相談として私たちは、妊娠の決定や計画をしないで性行為に及んでいる女性に多く出会ってきている。こうした女性たちは、性行為の結果に妊娠がおこるということが意識から遠く、パートナーはさらに遠いように思える。性行為の結果に妊娠がおこるという知識は誰もが持つべきと考えるが、当事者たちにはこのことが意識から遠いようである。知識を持った上で妊娠するかしないかを自己決定し、妊娠を希望しないのであれば避妊方法の自己決定がされなければならない。日本の性教育は遅れが指摘され、性や妊娠の知識が乏しく、成人した人であっても妊娠するかしないかについての自己決定の力が育っていないことを、私たちは日々感じている。

性行為の帰結に起こる妊娠を意識している女性達からは、「○月○日、性行為をしました」、「彼氏とエッチしました」などと述べられ、妊娠したかどうか不安であると相談されている。こうした相談をする女性は若年者が多く、中には中学生や高校生も多く含まれている。妊娠した可能性が高い、避妊しないで性行為をした、コンドームの破損や残留がある、膣外射精をし妊娠が不安である、と相談がある。「妊娠すると困る」と深刻な相談を寄せるのは、ほぼ全員が性行為に及んだ後である。

　妊娠を希望しない女性が性行為直後にとれる手段として、日本では、緊急避妊法というものがある。それは、妊娠を防止するためにホルモンが含まれる薬を女性が飲むという方法である。緊急避妊薬は、産婦人科に受診し処方を受けなければならない。通常、72時間以内に飲むことが望ましいため、避妊に失敗した場合は勧めて頂きたい。

　私たちは、避妊方法の問い合わせを多く受ける。コンドームの正しい使い方、避妊用ピルの副作用を質問する内容が多いが、避妊用ピルの飲み方や飲み忘れの対処、「セックスデビューをするので避妊方法を教えて欲しい」、「ピルを内服したいが、未成年のため保護者の許可が必要と言われた、どうしたら良いか」などの内容が多い。

　日本ではコンドーム法が最もポピュラーであるが、他にも様々な方法がある。どのような避妊法があるかについては、パールインデックス（パール指数あるいはパールの妊娠率とも言われている）[3]というものが参考になる。それは「1年間にそれぞれの避妊方法を行った100人の女性のうち何人が妊娠するか（避妊を失敗する）」をパーセントで表している。　パールインデックスが5である避妊法は1年間で100人の女性のうち5人が妊娠するという意味である。避妊をまったくしない場合のパールインデックスは85％となっている。コンドームを理想的に使用し

た場合は2％、一般的な使用の場合18％[3]と幅があり、100％の避妊は難しい。避妊効果を高めたいのであれば、毎日飲む面倒さはあるが低用量ピルは最も効果があり、さらに効果を高めたいのであれば、低用量ピルを飲み尚且つコンドームを使用することが望ましい。パールインデックスは、いろいろなホームページで説明されているので、調べると良いであろう。避妊用低用量ピルは医療機関で処方され、費用は、1ヶ月あたり2,500円〜5,000円と、医療機関によって異なり、また健康管理を受けながら、服用しなければならない。

　コンドーム法は、男性主導型の避妊方法で、パートナーが率先して行動を起こさない限りは避妊は難しい。近年DV（ドメスティック・バイオレンス）という言葉が知られるようになり、「避妊に協力しないパートナー」の存在は、DV、デートDVであると言われるようになってきた。妊娠したくない場合、そのことをパートナーにきちんと伝えることが重要であるが、これが女性たちにとって最も難しいと私たちには思える。「パートナーに中だし（膣内での射精）をされた、そのパートナーが『生理中は妊娠しない』と言ったが、調べてみると可能性はゼロではないことが分かった、本当に妊娠するのか」との相談を受けたことがある。パートナーの無責任なことが問題であるが、女性自身が知識がないまま性行為に臨むことも課題である。

　「いつもきちんとくるのに、生理が遅れている」、「妊娠反応が陽性だった」など、希望していないものの妊娠の可能性が高いケースの相談がある。妊娠反応をしていないという当事者には妊娠反応について情報提供をし、妊娠反応をすべき時期や方法は薬局で確認するよう勧めている。しかし、こうした相談をする女性は若年者が多く、中には中学生や高校生も多く含まれ、「妊娠反応が怖くてできません」と述べる当事者

もいる。交際中のパートナーがいるのであればこのことを話さなくては
ならないし、自分たちの行為の帰結であるためしっかり向き合うことを
私たち相談員は勧めている。そしてその後どうするかは慎重に考えるべ
きではあるものの、残されている時間に限りがある問題である。

2）出産することを決定した人

　思いがけない妊娠をした当事者が出産することを決めた場合、まずは
健康管理が大切である。妊娠した女性の健康管理は、受診をすることと、
生活での自己管理が特に大切である。自己管理は、栄養を適切にとるこ
と、睡眠や運動などの生活を整えること、心の平安を保つことなどが含
まれる。妊娠というのは命の危険も伴うため、妊婦健診に行くことから
始めて頂きたい。

　経済的な準備も大切になる。妊娠すると身体は目まぐるしく変化し、
妊婦のための衣服や下着、生まれてくる新生児の衣類やベビー用品、タ
オルや寝具類、などが必要となる。これらは生活費に計画しておかなけ
ればならない。多くの当事者には妊娠した後の自己の生活がイメージで
きないため、周囲の人はアドバイスをして頂きたいと思う。近年妊婦の
健康診査は無料となったが、負担しなければならない金額は相応にあ
る。それは補助金外の検査の費用や、受診のための交通費等で1回5,000
円くらいは必要になることが多い。特に異常が無い場合は、妊婦健診は
規定の回数で良いが、想定外のことが発生し費用が必要になることを
知っておいて頂きたい。

　出産する産婦人科医療機関や助産院を決定し、出産費用を準備する必
要がある。通常は40〜50万円が必要になる。出産一時金制度について
も調べ、支払い方法等を計画しなければならい当事者もある。こうした

第2章　リプロダクティブ・ヘルスの支援　　33

人は、早めに出産する医療機関や助産院に相談する必要がある。

就労している場合特に注意することは、妊婦は体調が急変することがあるということである。その場合は休暇や休憩を取る機会が増し、職務の内容によっては配置転換もある。産休育休をとる必要があるため、妊娠したことは、早めに職場に伝える必要がある。

パートナーと離別していたり、シングルマザーとなることを決定した場合は、出産後は、当事者1人ではなく親子の生活となる。どこに住むのか、生活や育児を助けてもらえる人はいるのかなどを確認することは大変重要である。さらに、出産を決意した時点から、パートナーと認知や養育費の相談をすることも知っておいて欲しい。

どのような人にとっても、子育ては大変であるため、近年、「子育て世代包括支援センター」という支援機関が全国の市町村に整備されてきている。子育て世代包括支援センターは各市区町村が運営する公的機関で、妊娠出産から子育て時期まで継続して当事者をサポートする制度である。子育て世代包括支援センターは、あらゆる相談を受け付けるワンストップ・サービスを提供している。窓口をあちこち転々とすることなく、当事者親子に適したサービスが継続して受けられるので、市町村の保健福祉課に相談することも知っておいて頂きたい。

3）中絶を決定した人

私たちが「中絶」と呼んでいるのは、専門的には人工妊娠中絶といい、以下、「人工妊娠中絶」あるいは「中絶」と記す。 平成28年度の人工妊娠中絶件数は168,015件で、日本では多くの中絶手術がされている[4]。

中絶は、多くの女性が体験することであるにも関わらず、人前で語られることはあまりない。はじめに人工妊娠中絶という手術について一連

の流れとともに説明する。

(1) 人工妊娠中絶とは

人工妊娠中絶は、日本の刑法で「堕胎の罪」とされている。しかし、母体保護法により、身体的や経済的な理由等により、妊娠を継続することが母体の健康を損なう場合に、人工妊娠中絶ができるとされている。日本の女性で中絶を受ける人は様々な事情を抱えているが、最も多い理由は「経済的理由」である。

人工妊娠中絶を受けられるのは、「胎児が母体外において生命を保持することのできない時期」であり、現在は妊娠 21 週 6 日までである。人工妊娠中絶手術は、妊娠週数により実施方法が異なる。文献[5]によると、妊娠初期（妊娠 12 週未満）の場合は、掻爬法（そうは法、内容をかきだす方法）または吸引法（器械で吸い出す方法）の子宮内容除去術が行われる。これは、子宮口をあらかじめ拡張した上で、静脈麻酔をして、器械的に子宮の内容物を除去する方法である。通常は 10 〜 15 分程度の手術で終わり、痛みや出血も少なく、体調などに問題がなければその日のうちに帰宅できる。一方、妊娠 12 週 〜 22 週未満の妊娠中期になった中絶手術（中期中絶，人工死産ともいう）の場合、あらかじめ子宮口を開く処置を行った後、子宮収縮剤を用いて人工的に陣痛を起こす方法がとられ、通常は数日間の入院が必要となる。

人工妊娠中絶手術を実施できるのは母体保護法により指定された指定医師のみで、「母体保護法指定医」を標榜している医療機関でのみ手術を受けられる。ただし、妊娠初期の中絶のみを行い、妊娠中期の中絶は受け入れていない医療機関も少なくないため、中期中絶を希望する人は、直接医療機関に電話をして実施できるかどうか確認する必要がある。海

外には妊娠初期の中絶薬を販売している国もあるが、日本では現在認可されていない。最近は、様々な薬の個人輸入ができるようになっているが、中絶薬の購入は違法であり、中絶薬の購入・使用は非常に危険であるため、絶対に用いてはならない。大量出血などの危険があり、厚生労働省より注意喚起がなされている。

中絶の費用は健康保険適用外であるため、自費となり高額である。料金は妊娠週数により異なる。妊娠初期で子宮内容除去術を行う場合は、地方では 10 万円前後であることが多いが、都市部では 15 〜 20 万円である。一方、妊娠 12 週以降で陣痛を起こして人工的に流産させる場合は、数日の入院が必要であるため、出産費用に近い金額がかかる。病院により異なるが 40 万円以上であることが多い。正確な料金は実施する医療機関に問い合わせをする必要がある。

また、妊娠 12 週以降の人工妊娠中絶については、健康保険の「出産育児一時金」の給付対象となる。全国健康保険協会のホームページ[6]にも「健康保険でいう出産とは、妊娠 85 日（4 ヶ月）以後の生産（早産）、死産（流産）、人工妊娠中絶を言います。また、正常な出産、経済上の理由による人工妊娠中絶は、健康保険による診療（療養の給付）の対象からは除かれますが、出産育児一時金の対象にはなります。」と明記しており、参照してほしい。

(2) 人工妊娠中絶を受けるとき

妊娠した女性が産婦人科医療機関に受診した後、中絶を決めた場合、中絶手術には 2 種類の同意書が必要となる。一つは、中絶をすることへの同意書であり、本人とパートナーの双方の同意が必要となる。人工妊娠中絶が規定された母体保護法では、本人および配偶者が成年に達して

いるかどうかは問題にされていないため、一方または双方が未成年であっても適法な同意を行うことができる。この同意書は、医師の前で署名・捺印するものではなく、手術当日もしくは手術前日の処置までに用意することになる。同意書に記載を求められる内容は、女性とパートナー双方の住所と氏名で、捺印が必要である。中にはパートナーの男性と死別した、相手が分からない等の事情で、中絶の同意が得られない場合がある。母体保護法第14条2項には「同意は、配偶者が知れないとき若しくはその意思を表示することができないとき又は妊娠後に配偶者がなくなったときには本人の同意だけで足りる」と規定されているため、このような場合はパートナーの同意が得られないことをあらかじめ医師に相談しておくと良い。

　もう一つ必要なのは、手術を受けることへの同意書である。手術にはリスクが伴うため、本人の同意が必要となる。未成年の場合は、保護者の同意を求める医療機関が多い。

(3)　中絶を受けた後に必要な手続き

　妊娠12週以降の妊娠中期に中絶した場合は、中絶後に死産届を提出し、亡くなった胎児を火葬（埋葬）することが義務づけられている。死産の届出は、医療機関（医師または助産師）から発行される死産証書（または死胎検案書）を添えて、中絶後7日以内に、届け人の住んでいる場所か中絶をした場所いずれかの市区村長（役所）へ提出する必要がある。死産届には、必要事項を記載し、届出人の記名捺印と身分証が必要である。届け出は、胎児の父母か、双方とも届け出ることが出来ない場合には、同居人やその他の人が届け出ても良い。死産届は、提出しても戸籍には何も記載されない。

亡くなった胎児を火葬（埋葬）するには、死胎火葬（埋葬）許可申請書を提出し、死胎火葬（埋葬）許可証を受ける必要がある。死胎火葬（埋葬）許可申請書の提出先は死産届と同じである。火葬（埋葬）場所を記載する欄があるため、提出前に火葬（埋葬）先を決定しておくと良い。

　また、前述したように妊娠12週以降の中期中絶の場合は、出産育児一時金給付の対象となるため、健康保険組合に書類を請求し、医療機関の記載欄と本人の記載欄を記入後に提出する。詳細は健康保険組合に（必要な場合は医療機関にも）問い合わせると良い。

４）中絶を受けたいものの困っている人

　「どこで中絶が受けられるのか」との相談は私たちによく寄せられる。中絶は産婦人科を標榜する医療機関で行われることが多いが、全国すべての産婦人科で行われているわけではなく、「母体保護法指定医」を標榜する医療機関のみである。居住地区の母体保護法指定医を標榜している医療機関を、インターネット等で調べた上で受診することを勧めると良い。しかし12週以降の中絶の場合は、中絶を行える母体保護法指定医は限られるため、あらかじめ電話で問い合わせておくと良い。

　中絶する際には身体や精神面にどれくらいの負担がかかるのか、また検診から手術までの期間はどれくらいかかるのか、さらに一連の医療処置がわからないため不安を訴える相談を私たちはよく受ける。また、中絶を決定した女性が、自分の感情のコントロールが難しくなってきているとの相談も受ける。中絶を受けるにあたって、痛みや身体への影響を心配する人は多いため、これらについても医療機関で質問するように勧めて頂きたい。

　私たちが受ける相談の中で、中絶を受ける時の困り事の最も多いも

のは経済的問題である。特に多いのは、中絶費用がなくて中絶できずに困っているとの相談である。「中絶したいけれどお金がない」というケースの中には、妊娠17、8週になり、中絶可能な妊娠21週と6日にかなり切迫している人もいる。経済的な困り事も、中絶を行っている医療機関に相談することを知っておいて頂きたい。

5）出産するか中絶するか悩む人

　予定していた妊娠の場合は、迷うこと無く出産を選択する女性がほとんどであるが、思いがけない妊娠であった場合には、産まない選択をする人もいる。「妊娠を継続するか中絶するか悩んでいる」と、私たちのもとに相談を寄せる当事者は、パートナーと別れた、パートナーに反対された、親に反対された、まだ産むには早い、持病を抱えている、レイプで妊娠した、などの理由を述べる。さらに、未成年で中絶することはパートナー以外には誰にも言えない、親に言えない未成年は親の同意書がないと中絶は出来ないのか、親に知られずに手術が受けられるかなどの相談を受けている。

　一方、妊娠中期の場合は、出産したい気持ちを抱えながら上記の理由で産むことができないと思い葛藤している当事者が多い。出産するか中絶するか、どちらの決断に至るのかは、それぞれの考えや取り巻く環境など様々なことが影響するが、どちらの決断もとても重いものであり、簡単なことではない。私たちに寄せられる相談にも、中絶をするべきか産むべきかと悩む声がある。

　また、妊娠中期の場合は、お腹の中の胎児に異常が認められたということも少なくない。近年、胎児の超音波画像診断の技術が進み、妊娠中に胎児の異常が発見されるケースが増えてきている。妊娠22週未満に

胎児の異常を知った場合、障がいを抱えた子どもを産み育てるのか、中絶するのか、女性とその家族は選択を迫られる。どちらの決断に至るのかは、それぞれの考えや取り巻く環境など様々なことが影響するが、どちらの決断もとても重いものであり、簡単なことではない。

　しかし、中絶ができるのは妊娠22週未満であることや、初期中絶（12週未満）の方が中期中絶（12週〜22週未満）より身体的・経済的な負担が軽いことを考慮すると、考えられる時間には限りがあり、答えを出す期限を決めることを勧める必要がある。中絶を希望する当事者たちは、すぐに中絶の決断に至るのではない。産みたい気持ちと産めない事情の間で大きく揺れ動きながら決断に至っていく。その経過の中で、相談を受けた人に知って頂きたいのは、この先後悔しないために「この選択がベスト」と思えるくらい、よく考えて本人が決断することが、とても重要であるということである。　私たち相談員が出会う当事者は複合した課題を抱えている。例えばある人は、「生後〇ヵ月になる子どもがいるが妊娠してしまった。妊娠6週と思われるが、夫の仕事がうまくいっていなくて、また国保料を滞納している。実家に帰り別居しているものの離婚するかどうかも決められないし、中絶すべきかどうかもわからない。中絶するとしてもその費用が準備できない」と述べた。　当事者の話をよく聞いているうちに、この家庭にはDVがあることが分かった（以上は実例をもとにした創作事例である）。乳児を育てながら、経済的に行き詰まり、夫との関係にも行き詰まり、安定しない環境の中で、妊娠週数はどんどん進んでいく様子が私たちに伝わってきた。このように、当事者の抱える問題は単純ではなく、出産をどうするのか決めると同時に考えなければならない課題を抱えている。このようなケースの場合、育てている子どもも含め当事者の安寧を考えるためには、福祉関連の相談が必

要になる。また、中絶を受けたいが健康保険証がない、あるいは保険料の支払いを滞納しているという当事者は少なくない。中絶は健康保険の適用外のため、必ずしも問題にはならないが、やはり医療機関が関係してくるため健康保険証は必要になってくる。居住地の市町村の福祉課、保健課等に相談することを勧めて欲しい。当事者1人では、事態は進まないので是非当事者の居住する市町村の福祉機関につなげて頂きたい。

　気をつけて頂きたいのは、相談を受けた人自身の考えを当事者に述べることは慎重であるべきということである。相談を受けた人自身の、産むべきか産まないべきかの考えを示すと、当事者ではなく相談を受けた人の決断になってしまい、後々の後悔に繋がることになる。そのため、自らの考えは述べず、相談者の考えるよりどころとなる視点を示すことが重要である。産みたい気持ちと産めない気持ちの両方があるから、選択に迷いが生じる。なぜ産みたいと思うのか、なぜ産めないと思うのか、それぞれの理由を考えられるだけ書き出した上で、それぞれその理由を解決する方法はないのか考えてみるとよい。例えば、産みたいと思う理由は、「彼氏と結婚したい」「中絶するのが嫌だ」であり、産めないと思う理由は「学業を継続したい」「お金が無い」「まだ育てたくない」「産んでも頼る人がいない」だとする。それぞれの理由をさらに見つめていくと、子どもを持ちたいのではなく、パートナーとの関係を維持したい気持ちが強くて産みたい気持ちに繋がっている自分に気づくかもしれない。

　当事者1人では気付くことができなかった自分の気持ちがわかり、その上で中絶を選択した場合、後悔の気持ちを持ち続けて前に進めないという状況に陥らなくてもすむかもしれない。相談を受ける時は、「産む場合、経済的にはどうするのか」「彼氏と別れても産みたいと思うのか」「一人で育てる覚悟はあるのか」等、考えるとよいポイントを問いかけのみ

にとどめると良いであろう。その回答に傾聴することを繰り返し、当事者の思考が段々と整理される過程を見守ることが最も大切である。

　相談を受けた人では十分に対応できないと感じた場合は、一人で背負わず、相談窓口につないで頂きたい。望まない妊娠をして悩んでいる人の相談窓口は全国にたくさんある。上述したように妊娠SOS、にんしんSOSの相談活動は全国で展開されている。

【引用文献】

1）一般社団法人全国妊娠SOSネットワーク：妊娠相談の現場で役立つ！妊娠SOS相談対応ガイドブック第3版, 2017

2）一般社団法人全国妊娠SOSネットワーク：全国のにんしんSOS相談窓口,（http://zenninnet-sos.org/contact-list, 2018年8月15日参照）

3）小林好秀, 齋藤益子：家族計画始動の実際少子化社会における家族形成への支援第2版増補版, p56, 医学書院　2017

4）厚生労働省：母体保護法関係, 人工妊娠中絶件数及び実施率の年次推移,（https://www.mhlw.go.jp/toukei/saikin/hw/eisei_houkoku/16/dl/kekka6.pdf, 2018年8月15日参照）

5）日本産婦人科医会:「人工妊娠中絶についておしえてください」,（http://www.jaog.or.jp/qa/confinement/ninsinshusanqa6/, 2018年8月15日参照）

6）全国健康保険協会:「出産に関する給付」,（https://www.kyoukaikenpo.or.jp/g3/cat320/sb3170/sbb31712/1948-273, 2018年8月15日参照）

Ⅱ　配偶者からの暴力
（ドメスティック・バイオレンス）

　「ドメスティク・バイオレンス（Domestic Violence）」は、日本語で
もそのまま「ドメスティック・バイオレンス」あるいは「DV」と呼ば
れ、夫や恋人など親密な関係にある男性からの暴力のことを指す。配
偶者からの暴力の防止及び被害者の保護等に関する法律（通称DV防止
法）では、配偶者、事実上婚姻関係と同様の事情にある交際相手からの
「身体に対する暴力又はこれに準ずる心身に有害な影響を及ぼす言動」
としている。本項では、婚姻関係にある配偶者または事実上婚姻関係に
あるパートナーからの暴力について述べ、交際相手から女性が受ける暴
力については「Ⅲ デートDV」の項で別に述べる。

配偶者からの暴力の防止及び被害者の保護に関する法律

第一条より

....

第一条　この法律において「配偶者からの暴力」とは、配偶者
　　　からの身体に対する暴力（身体に対する不法な攻撃であって
　　　生命又は身体に危害を及ぼすものをいう。以下同じ。）又は
　　　これに準ずる心身に有害な影響を及ぼす言動（以下この項に
　　　おいて「身体に対する暴力等」と総称する。）をいい、配偶
　　　者からの身体に対する暴力等を受けた後に、その者が離婚を
　　　し、又はその婚姻が取り消された場合にあっては、当該配偶

第2章　リプロダクティブ・ヘルスの支援　43

者であった者から引き続き受ける身体に対する暴力等を含む
ものとする。

2　この法律において「被害者」とは、配偶者からの暴力を受
けた者をいう。

3　この法律にいう「配偶者」には、婚姻の届出をしていない
が事実上婚姻関係と同様の事情にある者を含み、「離婚」に
は、婚姻の届出をしていないが事実上婚姻関係と同様の事情
にあった者が、事実上離婚したと同様の事情に入ることを含
むものとする。

1．ドメスティック・バイオレンスとは

　ドメスティック・バイオレンス（以下 DV と記す）は、殴る、蹴るな
どの身体的暴力に限らず、怒鳴る、ののしるなどの脅しや、生活費を
渡さないなどの心理的暴力、望まない性行為を強要する、避妊に協力
しないなどの性的暴力等も含まれる。

（内閣府：配偶者からの暴力被害者支援情報より[1]）

殴ったり蹴ったりするなど、直接何らかの有形力を行使するもの。
刑法第204条の傷害や第208条の暴行に該当する違法な行為であ
り、たとえそれが配偶者間で行われたとしても処罰の対象になり
ます。
平手でうつ
足でける

身体を傷つける可能性のある物でなぐる

げんこつでなぐる

刃物などの凶器をからだにつきつける

髪をひっぱる

首をしめる

腕をねじる

引きずりまわす

物をなげつける

精神的なもの

心無い言動等により、相手の心を傷つけるもの。

精神的な暴力については、その結果、PTSD（心的外傷後ストレス障害）に至るなど、刑法上の傷害とみなされるほどの精神障害に至れば、刑法上の傷害罪として処罰されることもあります。

大声でどなる

「誰のおかげで生活できるんだ」「かいしょうなし」などと言う

実家や友人とつきあうのを制限したり、電話や手紙を細かくチェックしたりする

何を言っても無視して口をきかない

人の前でバカにしたり、命令するような口調でものを言ったりする

生活費を渡さない

外で働くなと言ったり、仕事を辞めさせたりする

子どもに危害を加えるといっておどす

なぐるそぶりや、物をなげつけるふりをして、おどかす

　　　※生活費を渡さない、もしくは仕事を制限するといった行為は、
　　　　「経済的なもの」と分類される場合もあります。

性的なもの

嫌がっているのに性的行為を強要する、中絶を強要する、避妊に

協力しないといったもの。

夫婦間の性交であっても、刑法第177条の強制性交等罪に当たる
場合があります（夫婦だからといって、暴行・脅迫を用いた性交
が許されるわけではありません）。

見たくないのにポルノビデオやポルノ雑誌をみせる

いやがっているのに性行為を強要する

中絶を強要する

避妊に協力しない

　NPO 法人 FOSC（フォスク）は、長年、DV の当事者を支援し、当事者
が受ける暴力がどのようなものか、直に触れてきており、これについて
は前著[2]に示している。私たちが受ける相談で、多いと感じる DV は、
身体的暴力の他には、怒る等の言葉の暴力、不機嫌やいら立ち、妻子を
顧みない、家事をしない、家庭に無関心などがある。これらは精神的暴
力であるが、精神的暴力には「物を投げる」、「物にあたる」、「ペットに
暴力を振るう」などもあった。

　また、私たち相談員が「意外に多い」と感じている DV は、「性行為を
強制する」、「避妊に非協力的である」などの性的暴力と、「行動の制限」、
「束縛」、「許可無く妻のメールをみる」などの拘束や社会的暴力である。
「重要な問題である」と感じている DV は、子どもへの直接的暴力や子ど
もを無視するなど、子どもに対する直接的な虐待と、これに加え、夫婦
の間で不適切なやりとりが子どもの前でなされているというものであ
る。それは子どもが見ている前で、夫が暴言を吐く、暴力を振るうなど
があるが、子どもの前で夫から性行為を強制されたり、実際に性行為が

あるなどがある。

　DV を受ける女性の多くは、身体的・精神的・性的暴力を重複して受けている。DV は、女性に対する重大な人権侵害であると同時に、女性の安寧と健康を脅かす問題であり、さらに、その家庭の子どもに健康と成長発達を脅かす問題でもある。

DVの実際[2]

身体的暴力

精神的暴力（怒る、言葉の暴力、不機嫌、いら立ち、威圧的な態度をとる、物を投げる、物にあたる、ペットにあたる）

経済的暴力（生活費を渡さない、ギャンブル問題）

性的暴力（性行為の強要、避妊に協力しない）

家庭を顧みない、家事・育児に協力しない

行動の制限、束縛

浮気を疑われる

態度がコロコロ変わる（優しいときもある）

女性の意見を尊重しない

子どもに対する危害（子どもの面前での暴言・暴力、子どもを無視・子どもへの直接的暴力、子どもの前での性行為の強制）

配偶者（夫）が浮気をする

2．DVの当事者の苦しみ

　DVを受ける女性を長年支援してきた私たちは、被害者の苦しみに直に触れている。これについても前著[2]に記しているので参照して頂きたい。当事者の女性は、「身の危険を感じる、恐い」、「安心、安全な生活がしたい、逃げ出したい」「限界である」、「疲れた」、「辛い」、「苦痛である」等と苦しみを訴えている。

　DVに苦しんでいるものの、多くの当事者は自分がどうしたら良いのか分からない。「暴力を受けているどうしたらよいか」、「どうしたらいいかわからない」と相談されることもあるが、自身が感じている嫌な思いを詳細に述べるのみであるということも少なくない。苦しみから解放される出口が見えない不安の大きさは、計り知れないと私たちは思う。

　また、様々な暴力を受け「嫌な思いをしている」ということは述べるものの、当事者本人がDVであることに気づいていないというような相談も多い。それは、「ギャンブルの問題がある人」、「性行為の強要・避妊に協力しない」などで困っているが、それがDVであることや暴力であるとさえも思っていない人がいる。

　DVの当事者が最も苦しんでいるのは「離婚が難しい」ということであろう。暴力に苦しみ嫌な思いをしているものの、「離婚は難しい」述べる人はかなり多い。「経済的に自立できない」、「子どもと別れたくないから」などと述べられる。

　しかし、暴力の事実や苦しい心情を述べ、それがDVという事象であることに気づいても、「夫婦関係を維持したい」との意向を持つ当事者も少なくない。こうした人は、「つらく悲しい」と述べながら「このことに我慢すべきか」、あるいは、「自分の行いや性格を直すべきか」、「夫ではなく自分が変わるべき」と揺れ動く姿が多く見られる。

3．DV被害を受ける女性の保護・支援システム

「配偶者からの暴力の防止及び被害者の保護に関する法律」は2001（平成13）年に制定され、その後3回の改正を経て現在に至っている。この法律には、被害者支援の中核として機能する「配偶者暴力相談支援センター」を各都道府県に設置することが定められている。ドメスティック・バイオレンス問題は警察、司法、福祉などの問題が絡み合うため、実際には警察、福祉事務所、家庭裁判所、法律扶助協会、婦人相談所、公立女性センター、民生委員、人権擁護委員などが連携して被害者の援助にあたっている。これらの公的援助機関に、シェルターの設置や電話による相談窓口開設などの援助活動を行う民間女性たちのボランティアグループが加わり、援助活動は展開されている[3]（図1再掲）。

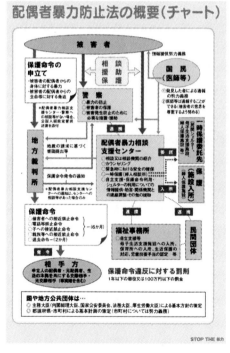

図1
（内閣府男女共同参画局：配偶者からの暴力で悩んでいる方へ，STOP THE 暴力［平成28年度改訂版］より）

4．DVの当事者を支える基本

1）構造的暴力を知る

　長年、DVの問題は、個人の問題として片付けられてきている。ある男性からある女性への暴力は、確かに個別の関係におけるできごとで、個人的問題と言えるかもしれない。ある男性からある女性への暴力は、個別の関係におけるできごとであると同時に、男性と女性の構造的力関係の表現でもある[4]と言われている。DVは、個々の男女間の力関係に加え、文化や社会制度などの社会構造が暴力という形で表現されたものであることを意味している。

　一般的に、女性には低賃金の職場しか与えられていない。また年金制度を始めとする社会保障制度は、個人の女性には不十分な制度で、女性の自立を阻む構造となっている。DVで苦しみながらも、女性は自立することが難しく、暴力に甘んじる生活を余儀なくされてしまっている。私たち相談員は「誰にも言えません、助けて下さい」、「誰にも言えません、どうしたらいいでしょうか」と言う当事者の声を長年聞いてきた。配偶者であったとしても性行為を強制する権利があるはずはないが、性行為を強要されたり、避妊に協力してもらえないという当事者から、妊娠や中絶についても相談を受けている。望まない妊娠で苦しむのは女性だけのように思える。DVを受ける多くの女性が、誰にも言えず一人で苦しんでいる。個人が問題を1人で抱え込まされていると言うことも構造的暴力の一つに他ならないと思う。

　こうした当事者が苦しみながらも関係に留まらざるを得ない状況、性の事やパートナーとの関係のことを相談できないという状況を理解すると、DVの問題は、当事者の個人的問題のみの問題ではなく、社会の構造の問題であることが見えてくる。

2）エンパワメント

　DV に苦しむ当事者が、心身の健康を回復し、自分らしい生活を送るようになるためには、当事者自身が自分のよりよい生活を選んでいくことから始まる。しかし、この決定を行うことは、非常に大きな力が必要とされるため、社会からの支援は欠かせない。しかし、当事者に支援の手が届くまでに、時として長い道のりとなる。当事者が 1 人で行動を起こすのは難しい。当事者は、DV のある生活の中で様々な力を失っているため、1 人で行動を起こすのはかなり難しい。

　日本には、「配偶者からの暴力の防止及び被害者の保護等に関する法律（通称 DV 防止法）」があり、被害を受ける女性がどのような支援を受けていくのか詳細に示されている[3]。DV 被害を受ける人は、警察、配偶者暴力相談支援センター、裁判所、福祉事務所などの支援が受けられる（**図 1**）。

　力を失い、孤立した当事者に、支援システムにつながりをつくる人が重要な役割を果たすことになる。支援システムへのつながりを作ることが出来るのは、まず第一に当事者の周囲の人と思われる。それは、近隣の人かもしれないし、当事者の親やきょうだい、友人であることもある。その他にも職場の同僚や健康管理者が、支援システムへのつながりを作る人となりうる。

　多くの人に DV は構造的暴力であること、当事者と支援システムはつながりにくいこと、しかしそのつながりを周囲の人が作ることができるということを知って頂きたいと私たちは思う。そうなることで、当事者を取り巻く環境がかなり好転する。

　当事者の周囲にいる人にもう一つ知って頂きたいことが、エンパワメントの概念であるである。Empower は「誰かを自信のある、より強い状

態にする、特に自分の人生をコントロールし、自分の権利を主張出来るようにする[5]という意味があり、この名詞形がエンパワメントである。このエンパワメントは、他者が力を与えるのではなく、その人自身の中にある「力」を取り戻したり、引き出したりすることである。またエンパワメントは、当事者が自尊感情を回復する過程を指し、その概念の中心にあるのは、支える人支えられる人、両者の対等な関係である[6]ことも知って頂きたい。

　そこで大切になってくるのは、当事者に対するリスペクトの気持ちをもつということである。そして、どのような場合でも当事者に自分の価値観や意思の押しつけをしてはならないことである。DVやデートDVの事実を知り得た人は、当事者に「すぐに別れなさい」と言いがちである。多くの人はそう思う。しかし、暴力に苦しい思いをしながらも、「そのパートナーから離れたい」と言う当事者ばかりではない。大切なことは子どもと女性の安全と安寧のために、「権利を擁護する」立場を周囲の人は忘れないことである。この権利の擁護とは、当事者が自身の回復や安全、安寧を、どう取り戻すかを自分で考え決定することを支え、その決定を尊重するということである。当事者が成人で通常の判断能力を有する場合は、自分自身の生き方を決めるのは本人である。このことを無視することは他者によるコントロールにつながり、エンパワメントの原則に反することになる。どのような場合でも、支援する人は自分の価値観や意思の押しつけ、指図や非難をしてはならないことを常に念頭に置いておいて欲しい。

　次に大切なことに、「バリデーション」の態度がある。この「バリデーション」はもともと心理療法の分野で用いられてきた言葉で、英語のValidationは「物事が正しいことを確認あるいは証明する」と言う意味

である[7]。バリデーションは、その本人が経験していることを否定せず、それが本人にとっての「現実（真実）」であることを受け入れ認め、共感する立場をとることである。人の経験がバリデートされれば、その人に生きているという実感が生まれ、バリデートする人を身近な人と感じるようになり、実在感がもてるようになり[7]、それはエンパワメントにつながると私たちは思っている。

5．DVの当事者を支える

1）緊急性の判断

　DVの当事者に生命の危険が及んでいないかということは、まず一番に考えなければならないことである。私たち相談員は、差し迫った生命の危険はあるか、子どもは虐待されていないかなどを一番に考えている。生命の危険が差し迫っているケースについては、直ちに保護ということになるが、生命の危機が差し迫っていないケースについては、危険を知らせるようにしている。危険が差し迫った際に、安全を確保するためにどのような方法があるのかを、避難の方法や避難先などを当事者とともに考えるが、友人や実家、親戚の家などは加害者が訪れて悲惨な事件につながっているため注意が必要である。生命の危険、大きな怪我をする危険が差し迫ったときのセイフティ・プランを立てる際には次の資料[8]のことを念頭に置いて頂きたい。

DVの当事者のためのセイフティプラン[8]

---

① 家の中にある刃物などは配偶者の目に付かないところに置く。

② 日頃からお金を貯める。逃げるときのお金は常に用意しておく。

③ 逃げるときのために車をいつでも使えるようにする。

④ 逃げるときは子どもをつれて逃げる。

⑤ 危険が差し迫った場合には110番通報をする、あるいは警察に駆け込む。

⑥ 知り合いなどのもとに逃げるのは危険である。配偶者暴力支援センター、福祉事務所などに相談し、逃げる時の具体的な計画を前もって立てておく。

⑦ 逃げる際に持っていくものは日頃から配偶者にばれないところに隠し準備しておく。

　現金、保険証、運転免許証、通帳、印鑑、カード、大事な電話番号のリスト、衣類など身の回りの物、子どもの物。

児童虐待の防止等に関する法律（平成十二年法律第八十二号）より抜粋

第二条　この法律において、「児童虐待」とは、保護者（親権を行う者、未成年後見人その他の者で、児童を現に監護するものをいう。以下同じ。）がその監護する児童（十八歳に満たない者をいう。以下同じ。）について行う次に掲げる行為をいう。

四　児童に対する著しい暴言又は著しく拒絶的な対応、児童が同居する家庭における配偶者に対する暴力（配偶者（婚姻の届出をしていないが、事実上婚姻関係と同様の事情にある者を含む。）の身体に対する不法な攻撃であって生命又は身体に危害を及ぼすもの及びこれに準ずる心身に有害な影響を及ぼす言動をいう。第十六条において同じ。）その他の児童に著しい心理的外傷を与える言動を行うこと。

第六条　児童虐待を受けたと思われる児童を発見した者は、速やかに、これを市町村、都道府県の設置する福祉事務所若しくは児童相談所又は児童委員を介して市町村、都道府県の設置する福祉事務所若しくは児童相談所に通告しなければならない。

特に、子どもの安全は大切で、子どもに暴力が及んでいる場合は直ちに子どもを保護しなければならない。当事者自身の自己決定は大切であるが、それより子どもの心と体の安全が優先される。子どもに直接暴力がふるわれていなかったとしても、子どもの心理的・精神的被害は大きく、また健康な成長を妨げることは当事者に伝えている。子どものみを保護する場合は、児童相談所等に連絡し措置をとってもらう。日本の児童虐待の防止等に関する法律（通称児童虐待防止法）では、配偶者（事実上婚姻関係と同様の事情にある者を含む）に対する暴力が児童虐待と見なされることになっている。DV防止法とは異なり、当事者の許諾がなくとも専門機関に通報しても良い。再度述べるが、近親者、近隣住民、保育園、幼稚園、小中高等学校の関係者が支援システムへのつながりを作る人となり、児童相談所への通告はためらわないで頂きたい。

2）当事者が支援機関につながっておく

　問題を抱える当事者が成人で判断能力があり、相談をためらう場合、自己決定最優先が原則となる。それは最も安全な方法を知るのは女性本人だからである。しかし、DVの当事者は孤立し問題を抱え込む傾向があるため、できるだけ支援の手につながっておくことは大切である。ここでいう「支援の手」は、私的な支援と言うよりもNPO等の民間機関を含む公的な専門機関を意味している。日本の支援体制の整備についてはまだ課題があるものの、公的機関や民間機関により、電話相談窓口や保護施設などを開設し熱心に援助活動が行われている。当事者の周囲の人には当事者と援助機関のつながりを作るよう努力して頂きたいと思う。

　当事者を取り巻く周囲の人が相談すべきと考えても、当事者は専門機関に相談する気持ちにならないことが多い。DVの当事者の中には、無

力感や孤立感、ストレス感などのため、自分がどうしたらいいか分からないという人が多い。私たちが受ける相談内容から当事者がどのような助けを求めているのか[2]が見えてきている。DVの当事者は苦しみに耐えられないので別居や離婚の方法を尋ねる人もいるが、「経済的に自立できないから」「子どもと一緒にいたい」からと暴力に耐えている。また「相談しても無駄」と思っている人、「つらく悲しい、このことに我慢すべきでしょうか」などと思っていたりする。こうした場合も、最優先されるのは女性の意思であることは忘れないで頂きたい。警察や配偶者暴力相談支援センターなどへの相談をしたくない女性に無理強いをするのではなく、女性が落ち着いた状態の時に丁寧に以下のことを伝えて頂きたい。まず、問題を一人で抱え込まないことと、さらに相談支援制度は女性自身が救済されるための制度であることを説明して頂きたい。配偶者暴力相談支援センター、福祉事務所、女性センター、民間機関のシェルターなどの情報を提示し、温かい態度で、丁寧に、くり返し説明することで、相談する気持ちに傾くこともある。

　専門支援機関に相談しないことを当事者が決定し、自己決定が尊重されたとしても、少なくとも医療機関の受診は必要であることは知っておいて欲しい。外傷の治療は医療機関に受診する必要があり、また精神的に苦しむ当事者は精神科や心療内科を受診する必要がある。また、妊娠し、出産するかどうか迷っている人は産婦人科の医療機関と早めにつながっておく必要がある。妊婦は心の健康問題を併発しやすいため、産婦人科の医療機関等へ受診し健康診査を受けなければならない。

　メンタルヘルスの問題を抱える人もあり[3]、相談に行く力さえ失っている場合は、まずは精神的健康の回復が優先される。DV被害を経験し克服し立ち直った人はサバイバーと呼ばれる。サバイバーと言えるよう

になるまでに、長期間に及び精神科や心療内科に通院したという人は少なくない。加害者との関係から離れ、精神科や心療内科の治療を受ける、つまり精神科の医療機関とつながっておくことはとても大切である。精神科の医療機関の他には、セルフヘルプグループや、サポートグループへ参加し、同じ状況や悩みを抱える人同士が対等な立場で集まり、体験を分かち合っている人もいる。そうすることで、お互いをエンパワされるため、こうしたグループも当事者の回復に役に立つ。

【文献】

1）「配偶者からの暴力被害者支援情報」（http://www.gender.go.jp/policy/no_violence/e-vaw/index.html, 2018年12月31日参照）

2）山本 八千代 編著NPO法人FOSC 著：リプロダクティブ・ヘルス　支援の現場から, 2018

3）内閣府男女共同参画局：配偶者からの暴力で悩んでいる方へ, STOP THE 暴力［平成28年度改訂版］, 2016

4）内藤 和美：女性への暴力はどういう問題か, 昭和女子大学「女性文化研究所紀要」, 12号：65-73,1993

5）The New Oxford Dictionary of English（NODE）: Oxford University Press, Oxford, 1998

6）Herman J. L. : Trauma and Recovery, Harper Collins Press, 1992

7）高橋誠一：バリデーションセラピーへの誘い, バリデーション－痴呆症の人との超コミュニケーション法, 筒井書房, p5-8,2001

8）山本八千代：ドメスティックバイオレンス被害女性ケアマニュアル, 真興交易医書出版部, 2004

Ⅲ　配偶者ではないパートナーによる暴力
（デートDV）

　認定 NPO 法人エンパワメントかながわ[1] が、交際経験がある人に、行動の制限、精神的暴力、経済的暴力、身体的暴力、性的暴力等の経験を聞いたところ女性の 44.5％、男性の 27.4％が少なくとも一つを経験していたとされている。10 代に限ると女性 43.8％、男性 26.7％が経験していたとのことである。

　相談員の私たちが見聞きするデート DV は、殴る蹴る、物を投げつけるなどの身体的暴力もあるが、激しい言い争いや言葉の暴力などの心理的暴力、社会的暴力、性的暴力のケースが多い。

1．デートDVとはどういう問題か
1）当事者のカップル自身が気付きにくい

　身体的暴力は暴力として表れ、暴力を受けた側は痛みを感じるため、暴力として認識されやすい。しかし言葉の暴力の場合は単なる喧嘩として捉えられ、またどちらが加害者でどちらが被害者であるのかがわかりにくい、時にはカップルの双方が加害者のこともある。

　私たちの受ける相談では、当事者が 10 代の場合最も多いのは、社会的暴力で、交友関係の制限や、行動の束縛、メールや LINE をチェックしたり、登録している異性のアドレス削除させる、服装を規制するなどである。これらの社会的暴力は、時には愛情の表れとも捉えられ、暴力を受けている本人に暴力と認識されにくい。

第 2 章　リプロダクティブ・ヘルスの支援　　59

２）性的暴力のケース

　相談員の私たちは、デート DV がある場合、性的暴力が最も多いのではないかと感じている。それは、性行為を強制する、避妊に協力しない、許可なく裸や性行為中の写真や動画を撮るなどである。これらの他に、パートナー以外の他の女性と深い交際をしているというケースにも出会う。性行為を強制する、避妊に協力しない、許可なく裸や性行為中の写真や動画を撮るなどは、身体的な危害はなく、言葉で攻撃することもない。また行動の制限等とは異なり、一見して暴力とは認識されにくい。しかし、性の自由、妊娠の危険からの自由はリプロダクティブ・ヘルス／ライツの根底に位置する概念である。性行為を強制される、避妊に協力してもらえないなどは男性が加害者となる暴力であるが、性の自由、望まない妊娠の危険から解放される権利を考えると、個人のカップルの中に大きな権利侵害がおきているということになる。

　カップルの中に性的暴力があるとき、望まない妊娠に至る危険が高まる。望まない妊娠は、中絶に至っていると思われる。また、近年、妊娠したことを誰にも相談できず、そのまま経過し出産後子どもの遺棄や虐待に至るケースが社会問題化している。性的暴力の問題は女性のみならず新しい生命（胎児、新生児）への人権侵害の問題でもある。

３）経済的支配

　支援する中、私たち相談員はデート DV のケースの中に経済的支配の問題が根深いと感じている。それには、２種類のケースがある。まず第一に、交際相手の男性に金銭を借り入れている、あるいは生活費を交際相手が払っているというものがある。ある女性は、交際中のパートナーに別れ話を切り出したら、「お金を返せ」と言われたという。その金銭が

用意できないため、女性は「別れられない」と述べていた。

　もう一方のケースは、女性がパートナーから経済的暴力を受けているというものである。配偶者間の暴力では、夫が金銭を握っていて、給料や貯金の額を妻に知らせていない、充分な生活費を渡さない、お金の使い道を細かく管理する、などの暴力が知られている。ここでいうデートDVの経済的暴力も同様の意味で、同棲などで、二人の生活費は女性が払い金銭を負担しているケースのことである。生活費を渡さず女性の借りたアパートに住むパートナーが暴力的な態度をとって居座っているというよりも、男性に生活していく力がないため別れる話を切り出すことができないという人が多い。「男性に生活していく力がない」というのは、仕事に就かない、ギャンブルをする、健康上の問題があるなどがある。この他には「別れようと言ったら『死ぬ』言うので別れられない」と述べる女性があった。いずれも「どうしたら別れられるか」と相談されている。

２．デートDVの当事者を支える

１）緊急性の判断

　デートDVの問題があるカップルは婚姻関係にあるわけではないため、嫌な相手であれば、「別れればいい」と単に思われがちであるが、パートナーのことが好きで「別れられない」という当事者は少なくない。周囲の人が「別れた方が良い」と言っても耳を貸さない当事者もある。周囲の人はその気持ちを伝えることは大切であるが、当事者の気持ちを無視するわけにはいかない。

　そのような場合、当事者に生命の危険が及んでいないかということを一番に考えなければならない。ストーカー行為に及ぶパートナーは少な

第２章　リプロダクティブ・ヘルスの支援　61

からずいる。実際、私たちが受ける相談の中には、ストーカー行為・暴力・脅迫・復讐などパートナーが恐ろしく離別できないというケースは少なくない。デートDVを受け、そのパートナーとは別れたいと思うものの、パートナーが執拗でストーカー行為に及びそうで恐ろしさのあまり別れられないと述べる女性がいる。また、すでにストーカー行為を受けており、「どうしたら良いか」との相談もある。女性本人だけではなく、家族に危険が及びそうで別れられず苦しい思いをしているとの相談を受けている。

　日本には「ストーカー行為等の規制等に関する法律（通称ストーカー規制法）があり、もし、脅しや脅迫、暴力行為がある場合は警察に相談をするのが良い。居住地にある警察署の相談窓口の電話番号を調べて、まずは電話をして相談に行くと良い。ストーカー行為には危険が伴うため、なるべく早めに行動を起こした方が良い。またカップルの関係が、同棲中など事実上婚姻関係と同様の事情にある場合は配偶者暴力相談支援センターなどのDV相談を受けるのも良いであろう。近年は、私たちのような民間支援機関（NPO）により様々な支援が行われている。たとえば、経済的暴力の問題があるパートナーから性産業での労働を強いられている女性を支援する機関もあれば、妊娠SOSの相談にのる機関もある。近年インターネットで知り合った人同志で助け合いトラブルが生じ社会問題化しているため、個人の女性がSNS等を通じて助けを求めるのは大変危険である。

2）若年者の場合

　上述したように、デートDVの当事者の関係は配偶者でないため、パートナーから身体的暴力や心理的暴力を受けるのであれば、それは

交際を終わらせることは比較的容易である。しかし、当事者は誰かから「それは、デートDVだから別れなさい」と言われたとしても、離別の決断をすることは難しい。私たちの支援してきたデートDVの当事者は、DVに気づいているけど「パートナーのことが好き」と述べる人は少なくない。

　しかし、高校生や大学生同士の交際で、女性が離別を希望しても難しい場合、私たちは学校に相談することを勧めている。勿論当事者に危険が及びそうな場合は警察への相談が必要であるが、そうでない場合は、大人が介入することが望ましい。カップルが同じ学校の生徒・学生である場合は特にそうである。高校生の場合は担任や生徒指導担当の教員、大学であれば、学生生活指導の窓口があるのでそうしたところに相談するよう勧めている。

　当事者にデートDVに気付いてもらうことが、最も大切な支援となるが、私たちはデートDVの問題を抱える若年者のことを考える際、大切なポイントがあると考えている。そのひとつめは恋愛という行為への陶酔である。恋愛行動は、近頃は、中学生、小学生までに広がり、「付き合っている人がいる」と言う小学生も珍しくない。小学生においても「恋愛」というイベントが生活の中心に置かれ、生活の中の優先順位の上位に交際や恋愛が置かれている子どもは少なくない。「恋愛は私の心の支えだ」、「（恋愛を）だれかに自慢したい」、「（恋愛に）いつものめり込んでしまう」と言う児童・生徒に出会う。

　デートDVにつながる二つめとして、漠然とした孤独感がある。「私は一人ぼっちになってしまうのではないか」、「私は人がいないと寂しいので，いつも誰かと一緒にいたい」等の気持ちが、異性のパートナーを求める気持ちを強くしていると思われる。

三つめのデートDVにつながるものに、日常の学校生活の中で目的や目標がぼんやりしていることも関係していると私たちは感じている。将来なりたいもの、やりたいこと、夢や希望などが自分の中ではっきりしていないと言う人に多くで会う。寂しい気持ちと、現実のストレスに対処する手っ取り早い方法が恋愛ということなのだろうか。デートDVに気付いたとしても恋愛関係の解消は難しい。

　デートDVの当事者に限らず、恋愛を急ぎ、生活の中心に据えようとする若者に、孤独を受容すること、生活の目標に向かって自己成長し、努力すること、その中で、信頼できる仲間と強い絆を築くことを人生の中心に置くことを私たち相談員は若者に勧めている。

3）避妊をすすめる

　上述したように相談員の私たちは、性行為を強制する、避妊に協力しない、許可なく裸や性行為中の写真や動画を撮るなどの性的暴力のケースによく出会う。望まない性行為や避妊に協力しないというデートDVは、最も当事者に気付かれにくい。しかし私たちは、妊娠した、出産すべきか、中絶すべきかなど、多くの妊娠に関連する相談も受けている。

　そこで私たちがお願いしたいことは、性行為を強制されたり、避妊に協力しないパートナーの存在を知った人は、関係を見直すことも必要であるが、まずは避妊行動について当事者に知らせて欲しいということである。日本の学校では、十分に性教育を受ける事はできないため、男女とも妊娠の問題を考える前にセックスデビューをすると言われている。当の女性が妊娠について考え、自身の希望を確認することなく、性行為を開始する。リプロダクティブ・ヘルスの根幹とも言える、子どもを持つのか持たないのか、持つとしたらいつ持つのか、自分のライフコース

をイメージし決定するということがほど遠い人は少なくない現状がある。またさらに日本の若者が利用する避妊法はコンドーム法であるが、男性主導の方法であるため、避妊を希望した場合パートナーとのコミュニケーションスキルが鍵を握る。児童生徒には、自身の夢や希望をはっきりさせライフコースをイメージすることと、パートナーとライフコース、子どもを持つことなどを話し合うスキルなども児童生徒は伝えられるべきである。しかし多くの人はこうしたことを知らないため、デートDVのことを知った人は、当事者に避妊が大切で有ることを伝えて頂きたい。

4）金銭関係

上述したように、私たちはデートDVのケースの中に経済的支配の問題は大きいと感じている。交際相手に金銭を借りている女性、生活費を出して貰っている女性、逆に二人の生活費を負担している女性もいる。

金銭は、少しの額が徐々に膨らんでいくため、ずるずると片方の負担が増えていく。恋愛の早い段階から、自分の費用は自分で負担をする、割り勘をする意識を持って貰うよう勧めたい。

5）裸や性的な画像のやりとりに関するトラブル

スマートフォンの普及により、手軽に写真を撮り、その写真をすぐに誰かに送ることができるようになった。その結果、裸や性的な写真など、本来なら誰かの手に渡らないような写真を、恋人や見知らぬ人に渡してしまうケースが数多く起きている。独立行政法人・情報処理推進機構[2]が、スマートフォンを使用する13歳以上の男女5000人を対象にした調査では、「恋人などの非常に近しい間柄の相手なら、自分の性的な姿を撮

影した写真や動画を SNS でやり取りしても良いと思う」と回答した人は、20歳代が 11.3％と最も高く、全体では 7.4％に上っている。

　私たち相談員が受ける相談には、交際中あるいはすでに離別したパートナーから、裸や性行為中の写真、動画を撮られ、「『インターネット上にアップする』と脅された」というものは少なくない。また、脅されてはいないものの、パートナー、元パートナーがそれらの媒体を所持しているため不安である、どうしたら良いかなどの相談もある。裸の写真をインターネット上に公開される「リベンジ（復讐）ポルノ」の被害に遭う恐れがあるため、たとえ恋人であっても自らのプライベートな画像は撮らせない・撮って送らないことが重要となる。

　リベンジポルノの被害者が画像を送ってしまった理由は、執拗な催促に困った、同性になりすました相手から求められた、お金をあげると言われた、好意を持つ相手から欲しいと言われた等がある。年齢が低いほど、渡した画像が将来どのように使われてしまうのかという想像が働きにくく、相手の要求に従ってしまう傾向がある。

　一時的な軽い気持ちで送った画像が、脅迫の材料に使用される、インターネット上に拡散される等、次の被害につながっていくため、どんな写真であっても誰かに送ることは大変危険である。自画撮りした写真を送って良いか相談を受けることは稀であり、多くは被害にあってから初めて相談を受ける。

　たとえ恋人であっても性的な画像を送ることや、撮影させることは絶対に避けなければならない。もし、裸の画像を要求されていると相談を受けた場合は、将来どのような使われ方をするか分からないため、絶対に撮らせてはならないと強く説得する必要がある。

　もし画像を相手に送ってしまった後の場合は、まずは相手に取り消し

を要求し、インターネット上で画像を公開された場合は、掲載されているサイトへの取り消し依頼と、警察への相談が必要となる。2014年より、「私事性的画像記録の提供等による被害の防止に関する法律」が施行され、LINEを含むSNS上やインターネット掲示板など、不特定多数の目につく場所に性的な写真・画像を公開することは違法となった。そのため、警察に相談すると、事件として取り扱ってもらえ、犯人逮捕に向けても動いてもらうことが可能である。しかし、一度画像がインターネット上に公開されると、完全に削除することは難しいため、そもそも性的な画像を撮影しないことを徹底することが最も重要となる。

【文献】

1）エンパワメントかながわ：全国デートDV実態調査報告書. 2017
2）独立行政法人情報処理推進機構：2017年度情報セキュリティの倫理に対する意識調査報告書. (https://www.ipa.go.jp/files/000062903.pdf, 2018年1月20日参照)

Ⅳ　望まない性行為、強制性交等の被害者

1.「望まない性行為」「強制性交等の被害者」とは

　ここで言う「望まない性行為」とは、女性自身が望んだものではない
性行為全てをさし、レイプ、強姦、性的虐待、強制わいせつにあたる行
為などを含むものである。平成29年に改正された刑法では、「強制性交
等罪」、「準強制性交等罪」の罪名で規定され、女性が性行為等を強制さ
れた場合は　これらの刑罰の対象になりうる。ここでは、性行為を強制
されたという女性（子どもを含む）、性行為の不同意を強く示したか否か
にかかわらず、本人が望んでいないまま性行為に至ったケースのことを
「性暴力」、「性被害」あるいは「被害」と記し、当事者の女性を「強制性交
等の被害者」あるいは単に「被害者」「当事者」と記す。また、性行為を強
制した人を「加害者」と記す。

　当事者本人にまで支援の手が伸びていくには、当事者を囲む人がどう
支えたら良いのかについて考えていきたい。

　まず日本の性被害者の支援システムについて述べ、次に周囲の人に認
識して頂きたいことについて述べる。

2.日本の性犯罪の実態

　平成29年度犯罪白書[1]によると、年間の強姦認知件数及び強制わい
せつの認知件数併せて7177件のうち、被疑者が「親族」あるいは「面識
あり」の合計は、強姦57.0％、強制わいせつ28.7％である。一般に流布さ
れている強姦神話の「暗い夜道で見知らぬ男性から被害にあう」とは違

う実態が分かっている。

　人口 10 万人当たりの年間の発生率を諸外国と比較すると、日本は群を抜いて低い（**表 1**）。本当に日本の性犯罪は少ないのだろうか。実は暗数が多い罪種で、犯罪統計では把握されず、実際の犯罪はかなり多いと言われている。様々な問題があるが、性に関する話題自体が表面化されにくいことに加え、日本では司法制度の壁が厚く、被害者には支援の手が届かないままである。

表1　各国における強姦の発生件数及び発生率の推移

＊発生率は人口10万人当たりの発生件数

国／年次	2010 年	2011 年	2012 年	2013 年	2014 年
米国	85593（27.6）	84175（26.9）	85141（27.0）	113695（35.9）	118027（36.9）
英国	17387（27.7）	17769（28.1）	18249（28.7）	22940（35.9）	31752（49.4）
フランス	10108（16.1）	10406（16.4）	10885（17.1）	11171（17.5）	12157（19.0）
ドイツ	7724（9.6）	7539（9.4）	8031（10.0）	7408（9.2）	7345（9.1）
日本	1293（1.0）	1193（0.9）	1265（1.0）	1409（1.1）	1250（1.0）

（平成29年度犯罪白書[1]　P24，P234をもとに作成）

3．刑法の一部を改正する法律（平成29年6月23日公布）

　性犯罪規定を改正し、厳罰化するための刑法改正案が可決、成立し、平成 29 年 7 月 13 日に施行されている。

　この改正によって、性犯罪は非親告罪化し、「強制性交等罪」、「準強制性交等罪」の罪名で規定されている。被害者が女性に限定されない、膣性交のみでなく口腔性交・肛門性交も強制性交等罪として認められ、児童監督者の加害も認められるなどの大きな変更があった。しかし、争点

の１つであった被害者の抵抗に関する要件は変わっていない。

刑法より抜粋

···

（強制わいせつ）

第百七十六条　　十三歳以上の者に対し、暴行又は脅迫を用い
てわいせつな行為をした者は、六月以上十年以下の懲役に処
する。十三歳未満の者に対し、わいせつな行為をした者も、
同様とする。

（強制性交等）

第百七十七条　　十三歳以上の者に対し、暴行又は脅迫を用い
て性交、肛門性交又は口腔性交（以下「性交等」という。）
をした者は、強制性交等の罪とし、五年以上の有期懲役に処
する。十三歳未満の者に対し、性交等をした者も、同様と
する。

（準強制わいせつ及び準強制性交等）

第百七十八条　　人の心神喪失若しくは抗拒不能に乗じ、又は
心神を喪失させ、若しくは抗拒不能にさせて、わいせつな行
為をした者は、第百七十六条の例による。

２　人の心神喪失若しくは抗拒不能に乗じ、又は心神を喪失さ
せ、若しくは抗拒不能にさせて、性交等をした者は、前条の
例による。

４．強制性交等の被害者の支援システム

　性暴力被害者は、身体やこころの健康に大きく影響を受け、それまで出来ていたことが出来なくなる人も多く、それまでの日常生活を取り戻したいとほとんどの当事者が思っている。さらにまた、加害者に謝罪や賠償を求めたい人もあり、当事者の支援は単純にはいかないが、ここでは主な支援機関等を述べる。

１）医療機関

（1）　産婦人科

　まず、急がれるのは医療機関の受診である。被害により身体の傷、心の傷を負い、双方とも小さなものではない。また、妊娠する危険や、性感染症に感染する危険もある。クラミジア、淋病、トリコモナス、梅毒、B型肝炎などが知られているが、HIV感染も軽視できない。全身の診察と、膣や外陰部などの生殖器すべての診察に対応しているのは産婦人科で、緊急避妊措置、性感染症予防についても専門の診療科でもある。緊急避妊薬もHIVの感染を予防する薬も、72時間以内に飲むことが推奨されているため、産婦人科の受診はできるだけ早いほうが良い。しかし、72時間を過ぎても効果がなくなるわけではない。周囲の人は産婦人科には受診することの大切さを当事者にしっかり確実に伝えて、受診には、できれば同伴をして頂きたいと思う。

　妊娠してしまった場合、人工妊娠中絶を選ぶ人が多い。しかし中絶の決定は、女性自身の人生観や倫理観に深く関わる問題であるため、簡単に決定はできない。また、妊娠に至った経緯に関わりなく、中絶した後の女性は葛藤し苦悩するため、中絶するかどうかはしっかりと考えられなければならない。中絶するかどうかは女性自らが決めなければならな

いが、簡単にはいかないため、女性の自己決定を支え寄り添う人が必要になる。治療や検査の継続、妊娠に関連する支援などはすぐには終わらないため、継続して産婦人科を受診することになり、心理ケアということでも重要な役割を担うため、産婦人科に受診することは重要である。

(2) 精神科または心療内科

　被害者の心の傷は大きく、癒えていくのには長い時間を要し、専門的治療が必要となる。性暴力は、トラウマやPTSDを引き起こすほどの恐怖であることが知られ、日常では考えられない反応を引き起こす[2]。性暴力被害後に起こりうることとして、混乱、不安、恐怖、うつ、自殺企図などの急性ストレス障害が知られている[2]。これらが1か月以上続けばPTSDとなる、また複雑性PTSDになることも知られているため[2]、必ず専門的な治療を受けて頂きたい。

　また、解離性障害というものも知られている。解離性障害は、自分の身に起こったことさえ記憶が保てず、バラバラになった記憶の断片が突然のフラッシュバックするものである[3]。恐怖、不安、うつなどの不安定な精神状態により行動エネルギーが極端に消費され、日常生活が壊れてしまう[4][5]。私たちが支援する当事者の中には10年以上経過して苦しんでいる人がいる。周囲で苦しんでいる人があれば、なるべく早めに精神科あるいは心療内科で治療を受けられるようすすめて欲しい。できればPTSDや性暴力被害に詳しい医療機関の受診をすすめて頂きたい。

性暴力を受けた人に起こる問題[4) 5) 6)]

・抑うつ症状、パニック発作、恐怖障害、脅迫症状、幻覚・妄想

・歩けなくなる、目がみえなくなる、文字が書けなくなるなどの身体表現性障害

・摂食障害、アルコールや薬物依存

・自傷行為、自殺企図

・肩こり、頭痛、

・月経不順など

・誰を信じたらいいか混乱

・PTSDの発症

・自我の統合性の低下

・記憶の低下

・離人感、非現実感（現実喪失感）、健忘、遁走などの解離症状

2）性犯罪・性暴力被害者のためのワンストップ支援センター

　性犯罪・性暴力被害者のためのワンストップ支援センター（以下、ワンストップ支援センターと記述）は、性暴力の被害者に対し、被害直後からの総合的な支援を行い、精神と身体の回復を図り、司法や生活の相談も行う。平成22年大阪の阪南病院にSACHICOが新設されて以降徐々に増え、平成30年7月現在、全国の設置数は45カ所[6)]となっている。都道府県に1か所程度が設置されてきているので、身近な存在になり

つつあり、被害後の支援拠点として大きな役割を果たしている。ワンストップ支援センターのことは多くの人に知って頂きたい。

　ワンストップ支援センターには、①病院拠点型、②相談センター拠点型、③相談センターを中心とした連携型の3つの形態がある[6]。ワンストップ支援センターは、被害者の健康、安寧、安全、権利の保障のために、被害者の健康回復の支援に加え、生活再建支援、犯罪、司法手続きなどの包括的支援が行う[6]。病院拠点型のワンストップ支援センターは、産婦人科、小児科、精神科、児童精神科等の医師に加え、助産師・看護師、臨床心理士、福祉関係者等が切れ目ない治療やケアの基盤をつくっている。

3）警察

　周知のとおり、警察は、刑事訴訟法上の「犯罪の第一次捜査権」をもち、捜査活動によって被疑者を起訴し、証拠を収集する役割を担っている。

　一方、警察は犯罪捜査だけでなく、犯罪被害者支援の役割も担っている。警察組織は全国に強大なネットワークを持つ24時間体制の国家機関（26万人）であり、性暴力被害を専門とする女性警察官やカウンセラーが配置されている。身体的、心理的相談、経済的支援まで広く相談を受けている。警察には全国共通番号の＃8103、「ハートさん」と呼ばれる性犯罪被害相談電話があり、発信された地域を管轄する都道県警察の性犯罪被害相談電話窓口につながることになっている。

　性暴力被害者の医療機関受診には、性犯罪被害者のための公費負担制度がある。診察料、緊急避妊薬費用、性感染症検査費用、人工妊娠中絶費用、カウンセリング費用、診断書料（犯罪の捜査又は立証のため必要とする場合）等を負担してくれる[7]。しかし、公費負担制度は地方自治体によって大きく異なり、警察に届け出た犯罪被害者であることが多い。

> **雇用の分野における男女の均等な機会及び待遇の確保等に関する法律（男女雇用機会均等法）第11条1項**
>
> ....
>
> 事業主は、職場において行われる性的な言動に対するその雇用する労働者の対応により当該労働者がその労働条件につき不利益を受け、又は当該性的な言動により当該労働者の就業環境が害されることのないよう、当該労働者からの相談に応じ、適切に対応するために必要な体制の整備その他の雇用管理上必要な措置を講じなければならない。

4）その他の支援機関

　当事者でなくても、性被害の事実を知らされた人の衝撃は大きい。当事者も知らされた人も相談機関につながっておいた方が良い。私たちのようなNPO法人、男女共同参画センター、メンタルヘルス関連の相談機関などがある。職場関係者による被害であれば、セクシャルハラスメントともなるため、職場の責任者に相談する必要も出てくる。職場の責任者が措置を講じない 場合は、労働基準監督署に対して告発を行うことができる。労働基準監督署には相談窓口があり、電話やメールなどでも相談を受け付けている。

5．強制性交等の被害者を支える

1）当事者に対するリスペクトの気持ちをもつ

　性暴力はリプロダクティブ・ヘルスの問題の中でも特に被害者が事実を開示しにくく、専門機関に最もつながりにくい。周囲の人から被害の事実を伝えられた場合、被害者が専門機関とつながっていくよう働きかけて頂きたい。ここではそのために知って欲しいことを述べる。それは、まず、当事者に対するリスペクトの気持ちを忘れないということである。そして、自責の念を抱いている被害者に「あなたは悪くない」としっかり伝え、自分自身を責めないようにしてもらうことである。さらに、「話してくれてありがとう」「どうしたらいいか一緒に考えよう」というメッセージを当事者に伝えて頂きたい。

　暴力的に押さえつけられ、また時には「止めてく欲しい」と泣きながら頼んだにもかかわらず、被害を受けたと言う人がいたとする。それは生命の危険を感じる程の恐ろしい体験である。身近な人から、こうしたことを聞いた人は、大きな衝撃を受ける。しかし、被害の事実を述べることは、あなたを信頼して心を開き、被害者自身の持てる力のすべてを振り絞って語ったのだと言うことを知って頂きたい。このことを知った上で、被害者には「あなたは悪くない」や、「話してくれてありがとう」、「どうしたらいいか一緒に考えよう」というメッセージを言葉と態度で示して頂きたいと思う。

2）話を聞きすぎてはいけない

　「どうしたらいいか一緒に考えよう」と言うことを、言葉や態度で当事者の方に示せたとしたら、その次は、詳細な話は聞かないで頂きたいと思う。確かに、苦しんでいる当事者が「辛さを分かってもらえた」、

「受け止めてもらえた」と思うことはとても大切である。また、「語ることは回復につながり、聞いてもらうことで心が癒えていく」や、「『辛い』と言いながらも、実は、みんな聞いて貰いたいのだ」などと考えている人は少なくない。しかし、性被害で辛い思いをしている人がいた場合、それは別次元の話であると考えて頂きたい。「あなたは悪くない」「話してくれてありがとう」「どうしたらいいか一緒に考えよう」を伝えるだけで良いと考えて頂きたい。私たちが支えてきた性被害体験者を見ると、語る人は皆無で「語らない」という決定をした人たちばかりである。

　勿論、被害者の方が「話したい」と言う場合は聞いてあげて頂きたいと思う。興奮している場合は落ち着いてもらうことを優先し、落ち着いて自ら語っているのであれば、黙って聞いて頂きたい。

　ここで最も大切なことは、聞く人は、被害の状況を詳しく知りたいとは思わないこと、細かく質問するのは避ける、の2つである。フラッシュバックという言葉をご存じの方もあると思うが、性被害の事実を語るのは、恐ろしい体験を自分の中に再現させることで、再び被害の場に戻すことになる。私たちは、「あなたは自分の性に関わることを他の人に言えますか」とよく問いかける。ほとんどの人は「NO」と答える。被害者は、医療機関に受診するし、警察に行く人もある。何度も同じことを聞かれ、さらに苦しむことを何よりも知っておいて頂きたい。

3）性被害を受けた人の衝撃と混乱

　私たちは、被害者をみていると、ふだんと変わりない様子で、「性被害を受けたとは思えない」と思うことがよくある。一見して冷静に見えるが、それは被害を受けた衝撃のために、思考・判断能力が大きく低下し、

習慣となった日常生活行動をとり続けているのではと私たちには思える。衝撃による心身の崩壊から自分自身を守るために、現実を受け入れる代わりに感情を鈍麻させて自動的に自分を保つ自動機能が働くためではないか[4)5)]等と考えられている。

4）性被害を知った周囲の人の衝撃

　ある日突然身近な人から、性暴力を受けたことを知らされた人の衝撃は大変なもので言葉に言い尽くせない。まるで自身が性暴力にあった感覚を味わう人もいるくらいである。私たちが見てきた人たちは、被害者の友人や母親、加害者ではない交際中のパートナーが多い。これらの人達の衝撃と悲しみは、言葉に言い尽くすことはできない。

　被害者が子どもの場合、保護者の悲しみや衝撃、怒りは甚大であるが、保護者のほとんどは誰にも相談できていなかった。それほど衝撃が大きい。「子どもが性被害をうけたとき」を著したバイヤリー[8)]は、性被害を受けたこどもの母親は「麻痺した感じ」、「怒り」、「憎しみ」、「否認や矮小化」、「自分が無価値に感じる」、「罪悪感と自責の念」、「恥の感情」、「傷つきと裏切られた気持ち」、「嫉妬」、「拒絶された気持ち」、「（家族などの）加害者をかばいたい（気持ち）」、「加害者に対する拒絶感」、「混乱や自己懐疑」などトラウマを抱えると述べている。わが子の性被害を受けとめることは容易でない。またその衝撃や怒りは被害を受けた子どもに向けられることがあることも、私たちは見てきている。

5）性被害を知らされた周囲の人の混乱

　一方、ここでは、上述した衝撃とは異なる混乱を述べたい。それは、事実を知らされた人が、被害を受けた女性に否定的な見方をすることで

ある。性暴力と言うとき、「ある時突然、見知らぬ人から襲われ、被害にあった」、「暗い夜道で襲われた」というイメージが抱かれやすい。しかし上述したように、実際には、加害者が知り合いであることは多い。学校の先輩後輩、職場関係者などと楽しい時を過ごした後性行為を強制されことを被害者から告白されたとする。また、以前より知っていた人ということもあるが、街で声をかけられたり、あるいはSNSサイトなどで男性と知り合ったりという人もある。そうした男性と車に乗ってドライブに行き、その後ホテルの前で「ちょっと休憩していいかなあ？」「何もしないから（ホテルに）入ってもいいかなあ？」などと言われ、同意した女性がいたとする。

「『何もしないから』と言っていたのに、性行為をされた」ということを述べる被害者がいたとしたら、あなたはどう思うだろうか。こうした女性が「苦しい」、「悲しい」と叫んでいた場合、多くの人は、その女性の行動に否定的な反応が起こってしまう。「ホテルに一緒に入ったのか？どうして？」と言う疑問が湧き、女性にそれを述べてしまう。「一緒に行ったあなたが悪い」と被害者に怒りを向けてしまう。

6）被害者の取った行動に対する善悪の判断を棚上げする

ここで大切なこととして知って頂きたいのは、女性のとった行動に対し善悪の判断をしないこと、実際に犯罪として成立するのかという判断をしないということである。当事者の周囲の人には、これらを判断することはひとまず置いておくことを、私たちは勧めている。

声をかけてきたり、SNSで出会ったりした初対面の人、あるいは職場の人に誘われて、車に乗ったり、飲酒する場所に行ったり、カラオケに行くことに同意したことは、性行為に同意したことではない。また、

「はっきり『NO！』と断り切れない、あるいは拒否できなかった場合も、それは性行為そのものに同意をしたわけではない」と考えて頂きたい。さらに、「ホテルに同行することは同意したが、性行為には同意していない」、「キスまではいい、それ以上はイヤ」、あるいは「性行為には同意したものの、膣内で射精をすることや、コンドームを使用しない性行為には『同意した覚えはない』」と憤る被害者の立場に立って欲しいと思う。また、一旦同意していたとしても、途中で気が変わればそれは「NO」である。

　重要なことは、「本人に責任がある」とか、「加害者が悪い」どちらの判断はいったん棚に上げて、望まない性行為の事実があったことと、それに女性が苦しんでいると言う2つの事実のみに焦点を当てることである。これこそが一番重要で、被害者の回復のために知っておいて頂きたい点である。

7) 被害者の希望を尊重する

　被害者の苦しみは様々あるが、混乱や解離があり通常の会話が無理な時、判断ができないと思った時にすぐに行動を起こすのは難しい。医療機関の受診、警察への届け出などが必要になるが、被害者自身が「警察には行かない」と言うのであれば、最低限医療機関は受診して頂きたいと思う。何れの機関も被害者にはハードルが高く、被害者1人で行動をするのは難しいので、できれば周囲の誰かが同伴してあげて欲しいと思う。また個人の助けは限界があるため、周りの支援機関を一緒に探して頂きたい。ワンストップ支援センターに相談することが望ましいため、電話だけでもして頂けると大きな力になる。公的機関、NPO法人などの支援機関があれば、被害者本人でなくても良いので相談して頂きたい。

ある程度落ち着き、被害者が何を希望するかが周囲の人に見えてきた場合は、被害者の希望を否定しないで頂きたいと思う。警察に届けたいと言うことを聞いた人は、「被害者に落ち度がある、警察に行っても無駄だ」と否定するのではなく、まずは相談だけでも良い。居住地にある警察署の相談用の電話番号を調べ、電話をしてみるか、あるいは出向き、相談した方が良い。

　私たちは、「加害者を罰したい」との相談を被害者から受けることは少なくない。その場合は、刑事事件にして罪をはっきりする他に、民事訴訟をして損害賠償や慰謝料を請求することができると伝えている。裁判は、刑事にしても民事にしても被害者に多くの負担が加わり、嫌なことをたくさん思い出す過酷な過程である。しかし、私たちは、「死にたい」と言っていた被害者が、民事裁判に勝訴することによって、「生き延びた」と言っている人に出会ってきた。裁判の過程で、弁護士や、家庭裁判所の事務官に話を聞いてもらい、「初めて自分の話を、時間をかけて聴いてくれる人がいた」と喜び、生活に落ち着きを取り戻し、自殺を口にしなくなった人もいた。私たちは、裁判の過程を通じて回復していったという被害者には多く出会っている。「判決書に性的侵害が認められる」ということの価値、訴訟することの価値は大いに高いと私たちは実感している。

　法的な訴訟については弁護士に相談することになるが、弁護士費用を用意することが難しい女性は少なくないため、まずは無料の法律相談を探してみることを勧めている。被害が職場の場合、学校の場合、自宅の場合など様々あり、「同じ職場で息をするのも苦しい」、「学校の場合、席替えくらいの措置しか執ってくれない、見るのもイヤ」、「自宅に帰るのが恐ろしい」など、被害者の思いは様々あり、支援制度自体単純ではな

いため、ワンストップ支援センターに相談をして頂きたい。総合的に被害者を支えてくれるため、是非とも相談をして欲しいと心から願っている。

8）被害者が温かいものを渡された，長い旅

　代理受傷と言う言葉をご存じだろうか。被害者本人から話を聞いた人がまるで被害者当人のように苦しい気持ちになることである[4]。当事者本人は快復の長い道のりを進むことになるが、傍で支える人も苦しく長い道のりになる。しかし私たちは、「家族が苦しむことになるため家族には話さない」と言う未成年の被害者や、「お母さんを苦しませたくない、だから黙っている」と述べている人に少なからず出会っている。被害者のそうした気持ちを私たちは皆に知って頂きたいと思う。

　家族や親しい人、誰にも語ることができない人がほとんどで、無理に聞こうとしないで欲しいことは前述したが、私たちは、支援しながら、被害者もその傍にいる人も誰かにつながっておくことがどんなに大切であるということを実感している。

　そこで、当事者を支える人たちに、性被害の問題は正攻法では解決できないということ、気負い過ぎずできる範囲で助け、もし代理受傷のようなことがあれば早く対処して頂きたい。また、何より大切なことは、一人ではその人を助けることはできないということを知ることも大切だと考えている。

　「相談をしても無駄だ、何も変わらない」と述べる人に、私たちは「あなたはケアされる権利がある」ということ、「私は貴方のことをとても心配している」ということ、この２つのメッセージだけは伝えるようにしている。私たちは「その人の長い人生の中で、誰かから温かいも

のを渡された」という記憶が残ること[9]が最も大切と考えているからである。

【文献】

1) 法務省法務総合研究所編：平成29年度犯罪白書〜更生を支援する地域のネットワーク〜, 2017

2) American Psychiatric Association 2013 Diagnostic and statistical manual of mental disorders, fifth edition. 日本精神神経学会：日本語版用語監修 高橋三郎・大野裕監訳 2014 DSM-5 精神疾患の診断・統計マニュアル 医学書院

3) Herman J. L. : Trauma and Recovery, Harper Collins Press, 1992

4) フランク・W・パトナム著, 中井久夫訳：解離, みすず書房, 2001

5) 中島幸子：マイ・レジリエンス　トラウマとともに生きる, 梨の木舎 2013

6) 内閣府男女共同参画局：行政が関与する性犯罪・性暴力被害者のためのワンストップ支援センター一覧, (http://www.gender.go.jp/public/pamphlet_leaflet/kujoshori/pdf/02-9.pdf, 2018年12月31日参照)

7) 警視庁：性犯罪・性暴力被害者のためのワンストップ支援センター開設・運営の手引き〜地域における性犯罪・性暴力被害者支援の一層の充実のために〜 (https://www.npa.go.jp/hanzaihigai/kohyo/shien_tebiki/index.html83, 2018年12月31日参照)

8) キャロライン・M・バイヤリー著, 宮地尚子訳：子どもが性被害をうけたときお母さんと、支援者のための本, 明石書店, 2010

9) 竹元 仁美, 山本 八千代, 前田 尚美, 笹尾 あゆみ, 泉澤 真紀：性犯罪・性暴力被害者のための看護ケアの探求：ワンストップ支援センターと司法ニーズに対応する看護ケア, 子どもと女性の虐待看護学研究4（1）, 18-27, 2017

V　インターネットに関連した性のトラブル

　近年、スマートフォンの普及により、いつでもどこでも手軽にインターネットを利用できるようになった。中でも、Facebook, LINE, Twitter, Instagram などは、インターネット上でコミュニケーションがとれ、元々の知り合いだけでなく、インターネットを通じて初めて出会った人とのやりとりもよくされている。

　インターネット上でコミュニケーションができることは、遠くに住む人とも簡単に交流できるようなメリットがある反面、インターネット上で出会った人との間にトラブルが生じる等、数多くの問題を引き起こしている。本章では主に性に関連したトラブル例と、相談を受けた人がどのような対応をとるのが良いか考えていきたい。

1．オンラインハラスメント

　オンラインハラスメントとは、インターネット上で受ける侮辱的な中傷やつきまとい、嫌がらせなどのことである。いつでも携帯できるスマートフォンの存在により、インターネット上の出来事が現実世界と切り離されなくなった。そのため、これまでは現実の世界だけで起きていた嫌がらせやつきまといなどが、インターネット上でも行われるようになり、被害者がうつ症状を発症する等、その被害は世界中に広がっている。

　セキュリティソフトブランド「ノートン」で知られているシマンテック社が、日本人女性のオンラインハラスメントについて調査[1]している。

その結果、調査対象の46%の女性が、何らかのオンラインハラスメントの被害にあっており、約3人に1人（32%）がネット上のセクハラを経験していることが明らかになっている。ネット上のセクハラとは、性的な画像が送られてくる、SNSに性的なコメントやメッセージが送られてくる、性的な内容を含んだ不快なメールが送られてくる等である。

また、インターネット上で行動を監視される「サイバーストーキング」を経験しているのは12%あり、性的暴行に発展したケースも明らかになっている。サイバーストーキングは、インターネット上で知り合った相手からインターネット上でつきまとわれ、それがエスカレートして現実の世界でもつきまとわれるケースもあれば、もともとドメスティックバイオレンス（DV）を受けていた女性がインターネット上で監視されるケースもある。いずれにしても現実の世界とインターネット上との両方でつきまとわれることの危険は非常に大きい。

インターネット上でつきまとわれないようにする対策としては、個人情報や、位置情報を含んだ写真を公開しないことや、所有するデバイスのパスワード管理を徹底することなどが挙げられる。

身近な人からオンラインハラスメントの相談を受けた時は、受け取ったメッセージや写真等を証拠として保存することを勧め、加害者が職場の関係者なら職場のハラスメント対策部署へ相談する等、できる対策をとるよう支援する必要がある。また、不適切な画像をインターネット上に公開される等、被害が大きい場合には、警察への相談を勧めることも必要である。

2．インターネットで知り合った相手と会うことにより生じるトラブル

インターネットが普及しはじめた1990年代後半頃より、男女の出会

いを目的とした「出会い系サイト」と呼ばれるものが登場した。インターネットを通じて面識のない異性と出会うことができるこのサービスは、未成年の間でも広く利用されるようになり、売春や性被害など性にまつわる多くの問題を生み出した。2009年以降は身分証明書による本人確認が必要となり、未成年の利用が規制されたため、出会い系サイトを利用して未成年の男女が知り合うことは減った。しかしそれに代わり、最近ではtwitterなど、他者との交流に利用する「コミュニティサイト」で出会い、実際に会うケースが増えている。異性との出会いを主目的としていないサービスであることや、インターネット上の会話を通して徐々に仲良くなることで、知り合った相手に対して警戒心を抱きにくいのが特徴である。

　インターネット上では相手の顔が見えないため、相手がどんな人であるかは相手の言葉を信じるしかない。相手が、本当に信頼できるとは限らないことを念頭に置いておく必要がある。

　男性の場合は、相手に騙されて金銭的な被害を受けるケースが多く、女性の場合は、性を目的に近づいてくる男性が多い。出会った相手の中には、年齢や身分を偽っている場合や、男性であるのに女性を装う場合もある。また、相手が身分等を偽っていなくても、住まいや交友関係など相手の状況を全く知らず、インターネット上でのみ連絡がとれる場合も多い。そのような場合は、何らかのトラブルが生じた際に連絡を取りたくても、相手からインターネット上での連絡手段を断たれてしまい、連絡ができないことが多い。インターネットを通じて出会った相手とセックスした後に連絡を絶たれた、妊娠が分かって連絡をしても連絡が取れず本名も連絡先も分からずに困った、など実際に様々な問題に私たちは多く出会っている。

インターネット上で知り合うことが珍しくない今、インターネット上で会話が弾み、実際に会いたいと思う感情が芽生えることは否めない。しかし、インターネット上では顔が見えず、素性を確かめることができないことをよく自覚し、警戒する必要がある。特に高校生以下の子どもの場合は、適切な判断をして身を守ることができないため、実際に会うことは避けなければならない。子ども自身は相手を信用できると感じていることは多いが、インターネットを通じて知り合った相手とは絶対に一人で会わないように導くことが大切である。

　まずは、見知らぬ人に会うことは危険なので「やめた方が良い」とはっきり伝えることが大切である。素性を知られていないことをいいことに、飲み物に睡眠薬を混入したり、車や密室に連れ込んでレイプするような相手に出会うケースは多く、会うということはそういう危険性があるということである。このことを相談された場合は、危険なので会うのを止めて頂きたい。

　また、女子高生の場合、「インターネット上で知り合った相手と会ってみたい」と直接大人に相談する人は稀で、多くは当事者のまわりにいる友人などから「友だちがネットで知り合った相手に会おうとしている」ということを耳にする。こうした出会いを避けるよう、新たな性に関する教育が必要である。もし、見知らぬ人に会いに行こうとしている人がいたら、その人に危険性を再認識してもらうよう周囲の人から働きかけて頂きたい。もし、このことを大人が相談を受けたとしたら、本人を直接知っている場合には、誰かが「チクった」とならないよう十分に注意を払いながら会いに行くことを阻止して頂きたいと思う。

　友人が当事者に会いに行くことの危険性を話しても、それでも思いとどまらない場合には、インターネットで出会った相手に関する質問を当

事者にしてみてはどうだろうか。過去に、どんなに引き止めても「ネットで出会った人に会いに行く」と言い続ける友人を心配した女子高生が、友人に対してネットで出会った相手のことを質問し続けた結果、会うことを思いとどまったケースに私たちは出会っている。「相手とはどんなやり取りをしているのか」、「相手は何歳で何をしている人なのか」、「素性は本当に信用できるのか」、「なぜ信用できると思ったのか」等、色々と尋ねられる中で、相手についてほとんど知らない自分に気づき、会うことをやめている。会わないように説得しすぎると、それ以上その話をしなくなり、陰でこっそり会うことにつながるかもしれない。まずは相手に関する質問をして、本人が相手を本当に信用できるのか改めて考えられるように促すとよい。

　会うことを止めようとどんなに頑張っても、会うことをやめない場合、注意しなければならないのが、会いに行く当事者を心配して周りの友人も一緒に会いに行ってしまうことである。友人のことが心配でも、周りが危険に巻き込まれてはいけないことを予め話しておくことも大切である。

　実際には、出会った相手との間にトラブルが生じて初めて人に相談する人も多い。その場合はその内容に応じた支援が必要となる。例えば、相手との間で予期しない妊娠をした場合には、産む・産まないの選択等、妊娠に関する支援が必要になり、望まない性行為を強要されたという場合は、強制性交等被害者としての支援が必要となる。

3．裸や性的な画像のやりとりに関するトラブル

　スマートフォンの普及により、手軽に写真を撮り、その写真をすぐに誰かに送ることができるようになった。スマートフォンの利用は低年齢

層にも拡大し、大人だけでなく子どもたちにも画像のやりとりに関する
トラブルが多発している。特に児童（満18歳に満たない者）に多いトラ
ブルが「自画撮り被害」である。「自画撮り被害」とは、誰かにだまされた
り、脅されたりして、児童が自分の裸体を撮影させられ、メールなどで
送らされることであり、被害者数は年々増加している。警察庁[2]は、児
童の自画撮り被害の7割強がスマートフォンを使用してコミュニティサ
イト（twitterなどの趣味や興味などの同じ人が集まり他者と交流でき
るサイト）にアクセスしたことに起因していることや、被害に遭った児
童の9割弱が、面識のない者から要求されて画像を送っていることを報
告している。

　前述したが子どもが画像を送ってしまった理由は、執拗な催促に困っ
た、同性になりすました相手から求められた、お金をあげると言われた、
好意を持つ相手から欲しいと言われた等、様々である。幼いほど、渡し
た画像が将来どのように使われてしまうのかという想像力が働きにく
く、相手の要求に従ってしまう傾向がある。

　一時的な軽い気持ちで送った画像が、脅迫の材料に使用される、イン
ターネット上に拡散される等、次の被害につながっていくため、どんな
写真であっても見知らぬ相手に送ることは危険である。自画撮りした写
真を送って良いか相談を受けることは稀であり、多くは被害にあってか
ら初めて相談を受ける。そのため、自画撮り被害を未然に防ぐには、子
どもがインターネットを利用開始する前に、自画撮り被害の怖さや、ど
んなに要求があっても送らないことを教育しておくことが重要となる。
そのためには、そのもととなる性教育と、インターネットを通じて出会
うことの危険性について、早期から段階的に教育していくことが必要と
なる。

第2章　リプロダクティブ・ヘルスの支援　89

もし、インターネットを通じて知り合った人から写真を要求されていると相談を受けた場合は、それが裸の写真でなく、普通の顔写真であっても、渡すことを阻止しなければならない。将来どのような使われ方をする可能性があるのかを具体的に話し、渡してしまうことの危険性を認識できるように関わるとよい。

前項でも述べたが、裸や性的な画像のやりとりに関する相談を受けるのは、画像を相手に送ってしまった後がほとんどである。その場合、まずは相手に取り消しを要求し、インターネット上で画像を公開された場合は、掲載されているサイトへの取り消し依頼と、警察への相談が必要となる。

2014年より、「私事性的画像記録の提供等による被害の防止に関する法律」が施行され、LINEを含むSNS上やインターネット掲示板など、不特定多数の目につく場所に性的な写真・画像を公開することは違法となった。そのため、警察に相談すると、事件として取り扱ってもらえ、犯人逮捕に向けても動いてもらうことが可能である。しかし、一度画像がインターネット上に公開されると、完全に削除することは難しいため、そもそも性的な画像を撮影しないことを徹底することが大切である。

【引用文献】

1）共同通信社2017年11月30日記事. ネット上でセクハラ被害　日本人女性の3人に1人が経験.（https://www.kyodo.co.jp/mamegaku/2017-11-30_1708305/, 2018年1月30日参照）

2）警察庁. 平成29年度上半期における子供の性被害の状況.（http://www.npa.go.jp/safetylife/syonen/no_cp/measures/statistics29.html, 2018年1月20日参照）

Ⅵ　中絶後苦しみ続ける当事者を支える

1．中絶後の当事者の苦しみ

　妊娠した女性の多くは自身の意思で中絶をしている。しかし中絶を
巡っては、当事者には多くの葛藤があり、中絶後も当事者は苦しみ続け
る。中絶の決定の過程には葛藤、パートナーや家族との摩擦等を伴うた
め、中絶を無事に終えることに必死であるが、数年経ってから怒りや悲
しみの感情が湧き出て、感情をどこにぶつけて良いのか分からずに悲し
んでいる人もいる。中絶後も、悲しみや罪悪感、後悔など様々な感情が
生じる。「産んであげられなくてごめんね」という気持ちが強く残り、自
分は幸せになってはいけないと感じる人はかなり多い。「手術後そんな
人（パートナー）の事を信じて赤ちゃんを殺した自分も許せなくて本当
に毎日赤ちゃんの事を思い辛くて、周りの女性の幸せそうな妊娠を目に
すると尚更辛くて、病院で受け取った胎児のエコーの写真も捨てられ
ず、出来ることならもう1度赤ちゃんに帰ってきて欲しいという気持ち
が大きくなって赤ちゃんの事を思い出すともう生きているのが嫌になる
くらい辛くなって、でもせっかく宿ってくれた命を忘れたらいけないと
簡単には前に進めなくて本当に私はどうすれば良いのか分からなくなっ
てしまいました」と述べた当事者（18歳）がいた。

　産みたいという気持ちを持ちながらも、家族やパートナーから産むこ
とを反対され、納得しないままに中絶に至った場合には、特に後悔の気
持ちが強くなる。パートナーに産むことを反対されて中絶を選んだ後、
パートナーと破局したある女性から「あの時に反対されて中絶を選んだ

第2章　リプロダクティブ・ヘルスの支援　　91

けれど産めばよかった」という声を聞いたことがある。相談員が、よくよく聞いてみると「本当に子どもが欲しかった」というよりは、「産んでいればパートナーと関係が継続していたのではないか」と、パートナーとの関係に強く未練があることが語られることも多々ある。

　パートナーとお互いの考えをしっかり話し合えたのか、自分自身がよく考えて決断した結果なのかが、中絶後の心理に影響すると言われている。

　妊娠初期で中絶を経験した女性のインタビュー調査[1]では、中絶を決定する際、本人がどれだけ意識的にその出来事に取り組めたかということが、その後の心理過程や対人関係に大きく関係することが明らかになっている。「決定が相手に委ねられてしまうことで、『裏切られた』などパートナーに対する恨みや葛藤を継続させ、さらには自分自身への自罰感情や無力感、罪悪感を増大させる可能性がある」[1]と述べられている。

　私たちは、避妊を主体的に行わず男性に任せ、避妊をしない性行為を安易に受け入れた結果、妊娠してしまった人に多く出会う。一方、避妊のない性行為の強要（性暴力）や、性行為自体を同意なく強要（レイプ）された結果、妊娠したという人にも出会う。

　予期しない妊娠をして中絶に至った経験をする人の中には、配偶者や恋人からの暴力がある可能性も踏まえて、当事者から話を聞く必要がある。

2．語りにくい体験

　出産をとりまく赤ちゃんの喪失をペリネイタル・ロスといい、流産や死産などが該当するが、人工妊娠中絶により亡くした人もあてはまる。

10年以上前は、ペリネイタル・ロス全般が日本では語られることが少なく、タブー視される傾向があった。そのため、子どもを亡くした両親は、自分の子どもについて語る場がなく、周囲からは「早く忘れた方が良い」等と言われ、傷つくことが多々あった。今では「ペリネイタル・ロス」の概念が理解されるようになり、当事者のケアが発展し、流産や死産を経験した親は適切なケアを受けられるようになり、体験を語る場も存在するようになった[2]。

　人工妊娠中絶は、自然な経過による流産や死産の場合と同様に「お腹の中の子どもを亡くす」という悲しい体験であるものの、語る場があっても、流産や死産の経験を語る場では語られにくく、中絶後わが子を亡くしたという当事者はその場に行きにくい気持ちがある。人工妊娠中絶は自らの決断によるものであるため、中絶を選んだ女性の中に「自責の念」が少なからずあり、人にはなかなか話せない。

　お腹の胎児に異常があり、人工妊娠中絶を経験した親は、「お腹の子どもが病気であったことを人に話すことができても、自分で決めて中絶に至ったという事実や、そこに至るまでの意思決定の悩みを人に語ることが難しい」と述べる当事者に私たちは出会っている。語りにくい体験ではあっても、誰かに話したい、分かってもらいたい、という気持ちはあるため、私たちに相談されている。

　人は大きな体験をした際に、語ることで気持ちを整理し、次に進むことができるようになる。しかし中絶を受けた女性の場合、お腹の子の父親であったパートナーが、必ずしも体験を共有できる相手とならないことが多い。そのため、自身の体験を責めることがなく、安心して語ることができるような相談相手が求められる。

第2章　リプロダクティブ・ヘルスの支援　　93

3．中絶後も苦しみ続ける当事者を支える

中絶について相談を受けた際に、どのように返答してよいか迷う人も多い。どのような対応が最も良いのかは、相談者の状況によっても異なるが、留意すると良い点について次に示す。

1)　基本的態度

中絶の悩みについて、誰かに聞いて欲しいけれどなかなか話せない理由の一つに、「中絶する（した）ことを責められるのではないか」という思いがある。いのちを絶ってしまった罪悪感が根底にあり、自罰感情がある中で、更に人から責められるのはとても辛いことである。中絶に至る背景は当事者にしか分からず、他人が口出しして責めることができるものではないことを自覚し、決して責めないことを肝に銘じる必要がある。自らの価値観を押しつけることも当事者にとって何の役にも立たず傷つけることになるだけであるので、まずは当事者の語る内容に耳を傾けて受け止めることが重要となる。

また、体験を話せない理由の一つに、人に知られることを恐れていることもある。相談者が語った内容は、決して他人には漏らさないことを保証し、安心して話せるように配慮することが必要である。

2)　中絶後に身体的な不調を訴えているとき

中絶手術を受けた一週間後に、手術を受けた病院で検診を受けて経過に問題がないことを確認してもらい、通常の生活に戻るのが一般的である。日本での中絶手術は、医学的に安全に行われており、多くは異常をきたすことなく経過する。しかし、中には「出血が多い」「お腹が痛い」などの身体的な不調を訴える人もいる。その場合は、安易に

「様子を見ても良いのではないか」等と答えず、受診することを促してほしい。子宮内の状況は自分で見て確認することができないため、本当に問題がないかどうかは受診して医師の診察を受けなければ分からない。手術を受けた医療機関で診察を受ける必要がある。

3） 中絶後の心理的な不調を訴えているとき

　中絶後には、罪悪感や後悔の気持ちを抱く人もいる。その気持ちを語ることで当事者の気持ちが緩和されることも多いため、話を傾聴する余裕があれば、当事者が話す内容に耳を傾け、その体験を否定せずに聴くと良い。受け止めることが難しい時は無理せずに、手術を受けた産婦人科の受診を促すと良い。中絶の経過を知っている医師や助産師・看護師に心理的な面も診てもらえれば安心感につながりやすい。また、電話相談や自助グループを探すことを提案するのも良い。眠れない、涙が止まらないなど、精神的な不調が強いと感じた場合は、精神科や心療内科等の受診を勧めると良い。

【引用文献】

1） 菅生 聖子. 初期中絶を経験した女性に関するインタビュー調査. 心理臨床学研究. Vol.30 ,No.3, 400-405, 2012
2） 岡永 真由美, 横尾 京子, 中込 さと子：Perinatal loss（ペリネイタル・ロス）の概念分析, Perinatal loss : A concept analysis. 助産学会誌.Vol.23, No.2, 164-170, 2019

おわりに

編著者　山本八千代

　2017年11月25日、私たち NPO 法人 FOSC（フォスク）は、第16回福岡県男女共同表彰「困難な状況にある女性の自立支援部門」で受賞するに至った。本書は22年の活動の中で私たちが議論してきた考えをまとめたものである。私たち FOSC が支援する「困難をかかえる女性たち」は、生育した家族のこと、成長する過程で起こったこと、相談した時点の家族のこと、パートナーの特性やパートナーとの関係性、仕事や収入のことなど、多くの複合した問題を抱えている。また、当事者たちは貧困と孤立という課題も抱えている。貧困は、物理的・経済的貧困に加え、健康を維持するための知識の貧困や、人とのつながりが乏しいという関係の貧困も抱えている。リプロダクティブ・ヘルスの問題は、環境や貧困問題のすべてが複雑に絡み合い、当事者たちは社会の片隅で一人孤立している。

　悲しいことであるが、リプロダクティブ・ヘルスの問題はある日突然、その当事者に誰もがなり得る。その場合周囲の人、例えば家族、友人やきょうだい、職場の同僚や健康管理者などの人は「支援システムとのつながりをつくって頂きたい」と思う。当事者が子どもであれば、保育園、幼稚園、小中高等学校の関係者が支援システムへのつながりをつくる人となる。不安な気持ちのまま、ひとりで問題を抱える当事者が、一刻も

早く専門の相談機関とつながるには、周囲の人が当事者と支援システムのつながりをつくる。多くの人のリプロダクティブ・ヘルスの問題を理解して頂きたいと願い、本書を著した。

　本法人の活動を支えてくださる多くの方々、また支援のイロハを教えてくださった当事者の皆様に心から感謝申し上げたい。

編　者　　山本八千代

執筆者〈五十音順〉

竹元　仁美

野口真理子

前田　尚美

山本八千代

リプロダクティブ・ヘルスを支える

2019年2月4日発行

編著者　山本八千代

執筆者　NPO法人FOSC（フォスク）

発行所　ブックウェイ
　　　　〒670-0933　姫路市平野町62
　　　　TEL.079（222）5372　FAX.079（244）1482
　　　　https://bookway.jp

印刷所　小野高速印刷株式会社
　　　　©Yachiyo Yamamoto 2019, Printed in Japan
　　　　ISBN978-4-86584-363-7

乱丁本・落丁本は送料小社負担でお取り換えいたします。

本書のコピー、スキャン、デジタル化等の無断複製は著作権法上での例外を除き
禁じられています。本書を代行業者等の第三者に依頼してスキャンやデジタル化
することは、たとえ個人や家庭内の利用でも一切認められておりません。